O HOMEM QUE CONFUNDIU SEU TRABALHO COM A VIDA

Jonathon Lazear

O HOMEM QUE CONFUNDIU SEU TRABALHO COM A VIDA

Como recuperar o equilíbrio quando trabalhar se torna um vício

2ª Edição

SEXTANTE

Título original: *The man who mistook his job for a life*

tradução
Claudio Figueiredo

preparo de originais
Valéria Prest

revisão
Antonio dos Prazeres
Clara Diament
Sérgio Bellinello Soares

capa
Miriam Lerner

projeto gráfico e diagramação
Valéria Teixeira

fotolitos
R.R. Donnelley América Latina

impressão e acabamento
Bartira Gráfica e Editora S/A.

CIP-BRASIL. CATALOGAÇÃO-NA-FONTE
SINDICATO NACIONAL DOS EDITORES DE LIVROS, RJ

L46h Lazear, Jonathon
O homem que confundiu seu trabalho com a vida: como recuperar o equilíbrio quando trabalhar se torna um vício / Jonathon Lazear ; tradução. – Rio de Janeiro: Sextante, 2004.

Tradução de: The man who mistook his job for a life
ISBN 85-7542-110-7

1. Homens – Psicologia. 2. Masculinidade. 3. Trabalho compulsivo. 4. Trabalhadores compulsivos. 5. Comportamento compulsivo. I. Título.

04-0510. CDD 155.232
CDU 159.923.35

Editora Sextante (GMT Editores Ltda.)
Rua Voluntários da Pátria, 45 – Gr. 1.404 – Botafogo
22270-000 – Rio de Janeiro – RJ
Tel.: (21) 2286-9944 – Fax: (21) 2286-9244
Central de Atendimento: 0800-22-6306
E-mail: atendimento@esextante.com.br
www.sextante.com.br

Para Wendy,
com amor, como sempre.

CAMA DE GATO

Letra da música *Cat's in the cradle*
De Sandra e Harry Chapin

Um menino nasceu um dia desses.
Veio ao mundo da maneira habitual.
Mas eu tinha muitos aviões para pegar e contas a pagar.
Ele aprendeu a andar enquanto eu estava fora.
E, antes que me desse conta, ele aprendeu a falar.
E, enquanto crescia, costumava dizer:
– Vou ser como você, papai. Você sabe que eu vou ser como você.

E o gato está na cama e a colher de prata.
O Menino Triste e o Homem na Lua.
– Quando vem para casa, pai?
– Não sei quando. Mas, quando chegar, vamos ficar juntos, filho. Você sabe que, então, vamos nos divertir.

Bem, meu filho fez dez anos um dia desses.
Ele disse:
– Obrigado pela bola, pai. Vem, vamos brincar. Você me ensina a jogar?
Eu disse:
– Hoje não dá, estou muito ocupado.
Ele disse:
– Está bem.
E, então, se afastou, mas seu sorriso nunca perdeu o brilho.
O sorriso dizia: eu vou ser como ele, você sabe que vou ser como ele.

E o gato está na cama e a colher de prata.
O Menino Triste e o Homem na Lua.
– Quando vem para casa, pai?
– Não sei ainda. Mas, quando estivermos juntos, filho, você sabe que, então, vamos nos divertir.

Bem, ele chegou da faculdade um dia desses.
Já parecia um homem feito, e eu tive que dizer:
– Filho, estou orgulhoso de você. Pode se sentar um pouco?
Ele balançou a cabeça e disse sorrindo:
– O que eu queria mesmo, pai, é pedir a chave do carro. Vejo você depois. Pode passar a chave, por favor?

E o gato está na cama e a colher de prata.
O Menino Triste e o Homem na Lua.
– A que horas volta para casa, filho?
– Não sei. Mas vamos ficar juntos, pai. Você sabe que, então, vamos nos divertir.

Bem, já me aposentei há algum tempo, meu filho se mudou.
Um dia desses liguei para ele. Disse:
– Gostaria de ver você, se não for pedir demais.
Ele disse:
– "Eu adoraria, pai, se pudesse achar algum tempo. Sabe, meu novo emprego é uma correria, e as crianças estão resfriadas. Mas é bom falar com você, pai. Foi bom mesmo falar com você."
E, quando desliguei o telefone, percebi: ele cresceu igualzinho a mim.
Meu garoto era como eu.

E o gato está na cama e a colher de prata.
– Quando é que vem aqui em casa, filho?
– Não sei. Mas, quando estivermos juntos, pai, você sabe que, então, vamos nos divertir.

– Sandra e Harry Chapin, Story Song Ltd. ASCAP

AGRADECIMENTOS

Obrigado a Steve Ross, da Editora Crown, e à minha editora, Betsy Rapoport, uma conselheira brilhante e atenciosa; a Wendy Lazear, que sempre enriquece tudo o que eu faço; a Ross, por digitar, editar e aprender; a Mike que, à parte, vive sua própria aventura; a Christi Cardenas, uma parceira inestimável nos negócios, quase 24 horas por dia; a David Rakoff, que deu a idéia para o título quando, brincando, me descreveu sua vida; a Mary Everson, que salva vidas todos os dias.

A Al Franken, Evelyn Friedberg, Tim Rumsey, Will Weaver, Leslie Schnur, Tom Spain, Mike Osterholm, Jane Goodall, Jim Sisson, Noah Adams, Scott Simon, Bailey White, Tracy Hickman, Don Perrin, Margaret Weis, Ann Wilson Schaef, R. D. Zimmerman, Pete Hautman, Natalie Goldberg, Tanya Cromey, John Peter Larson, Laura Brinkmeier, Arlene Friedman, Chris e Louise Lazear, Dennis Cass, Eric Vrooman, Harvey Mackay, Ed Breslin, Terry Gross, Andrei Codrescu, David Brancaccio, Barbara Smith e Dan Gasby, Ray Suarez e outros – porque a amizade é muito importante.

Por último, minhas desculpas ao Dr. Oliver Sacks, autor de muitas obras importantes, entre as quais *O homem que confundiu sua mulher com um chapéu.*

Jonathon Lazear
Inverno de 2001
Minneapolis

SUMÁRIO

Se meu coração pudesse pensar
E meu coração começasse a sentir
Eu veria o mundo com novos olhos
E saberia o que é real de verdade.

– Van Morrison

Muito além das idéias sobre
O que é certo e errado
Existe um campo; eu vou
Encontrar você lá...

– Rumi

INTRODUÇÃO

Por que todo homem que trabalha num escritório está sempre carregando uma pasta?

Fazemos horas extras no escritório. É o que os patrões esperam e é o que esperamos de nós mesmos. Mas como chegamos ao fim de um dia de trabalho?

Quantos de nós usamos o "jantar de negócios" e os papos nos coquetéis para esticar a jornada de trabalho e arrumar um pretexto para adiar a volta para casa? Na condição de workaholics, de viciados em trabalho, somos treinados na arte de nos esquivarmos.

Toda noite eu chego em casa a tempo para o jantar, ainda que um pouco atrasado, e minha conversa começa por um comentário sobre o dia que passou, algo relacionado ao trabalho – ou, mais exatamente, por um desabafo irritado sobre como alguém fez tudo errado ou sobre algo que não deu certo e como essa coisa toda é estressante. Esse trabalho, essas horas todas, mas, puxa, lá estou eu de volta às sete e meia da manhã seguinte.

Esticamos com tanta freqüência nossa permanência no trabalho porque não queremos enfrentar "o segundo turno". Senão, teríamos que voltar para casa e ajudar a cuidar das crianças, alimentá-las, dar-lhes banho, etc. A maioria de nós abriu mão desse papel – é mais fácil se esconder no escritório. Os tempos mudaram. Sabemos que se espera que dividamos as responsabilidades do segundo turno. A maioria de nós adora os filhos – essa com certeza não é a questão. Mas, se chegamos em casa apenas a tempo de ler uma história para eles na hora em que vão dormir, já achamos que fizemos a nossa parte. O local de trabalho é o derradeiro esconderijo para os que não querem partilhar os cuidados dos filhos, uma obrigação implícita em toda vida doméstica.

Um dos maiores presentes que já recebi na vida foi quando decidi, assim de repente, largar o meu emprego, em 1983, ainda que tivéssemos dois filhos pequenos – um deles um bebê – e muito pouco dinheiro no banco.

Foi uma época emocionante. Depois de anos trabalhando no mercado editorial em Nova York, minha mulher e eu aproveitamos uma oportunidade e começamos nosso próprio negócio em Minneapolis. Mesmo quem nunca foi empresário conhece a sensação de iniciar uma atividade que carrega em si mesma a promessa de uma carreira estimulante. Cada novo dia nos traz algo de instigante. Tudo parece oferecer a oportunidade de um novo aprendizado. Trabalhávamos sem parar, vinte e quatro horas em certos dias, encontrando novos autores, fechando contratos, descobrindo clientes, fazendo ainda mais negócios. E é essa animação que, em certa medida, atua como um catalisador – é o sinal de que começamos a nos perder no nosso trabalho.

No entanto, à medida que nosso negócio crescia e trabalhávamos algumas horas a mais, a pressão para produzirmos nunca diminuía. Mesmo depois de uma seqüência de anos bem-sucedidos, restava sempre a sensação de que havia algo mais a fazer, outro telefonema, outra proposta para examinar, outro cliente a considerar. Pensávamos que o sucesso traria alívio, mas, ao contrário, comecei a me sentir mais pressionado.

Vivíamos muito bem, por assim dizer. Viajávamos de primeira classe, íamos a todos os lugares que queríamos – estávamos viciados no sucesso. Quanto maior o negócio, quanto maior o cliente, maior era a pressão. Mas, quando eu começava a sentir que meu trabalho havia se transformado numa armadilha e passava a sentir raiva ou ressentimento por estar sendo privado do convívio com minha família, eu dizia a mim mesmo que era apenas estresse, algo temporário que só duraria enquanto determinado negócio estivesse sendo fechado, que era apenas parte do processo de minha transformação em gente grande, num homem, num adulto que tinha uma família, um trabalho, responsabilidades. E, afinal, havia aqueles carros fantásticos na garagem.

Mas não foram apenas as "coisas boas", os bens materiais, que puseram em ação a força centrífuga que me levou a ficar soterrado em trabalho e mais trabalho. Outros fatos, mais sinistros, vieram acompanhar essa confusão entre trabalho e vida. Atitudes como me esconder.

Havia algo de errado com aquela atividade excessiva que dominava minha vida, e foi somente quando conversei com um velho amigo que isso começou a ficar claro. Ele tem três filhos e é um pai atencioso, inteligente, introspectivo, bem-humorado e dedicado, mas me surpreendeu certa noite. Disse-me que, à medida que o dia de trabalho ia terminando e a hora de ir para casa se aproximava, ele começava a se sentir tenso, rígido, preocupado, vulnerável, indefeso, quase em pânico.

Esse é um homem que ama a mulher e os filhos e que freqüenta a igreja semanalmente. Na sua comunidade é conhecido por seu senso de humanidade e por sua generosidade. Seu salário é até bom, de modo que sua mulher não precisa trabalhar nem lhe é necessário fazer sacrifícios para manter os filhos em escolas particulares. No entanto, toda noite ele fica tenso, e a simples idéia de sua volta ao lar – as crianças e suas necessidades (normais e aceitáveis), a esposa e suas carências – quase lhe provoca um ataque de ansiedade. Ele sente que não está "em segurança" quando chega em casa. "Ali não é o meu trabalho", ele diz. "Não é onde eu me sinto confortável, não é o que eu sei, o que eu conheço."

Ele ama a família tanto ou mais do que qualquer marido e pai que já conheci. E, a princípio, tentei confortá-lo, achando que tais problemas eram dele e não meus. Mas, quanto mais falávamos, mais eu compreendia que os problemas dele *eram* os meus. Tomei consciência de que eu também procurava me refugiar no trabalho, não porque não amasse minha família, mas porque o trabalho significava um lugar onde eu me sentia mais confiante, mais competente. Até mesmo mais necessário.

Falamos sobre como sabíamos nos comportar no escritório, mas quem éramos nós em casa? O trabalho era algo tão mais fácil, tão mais claro, suas regras de algum modo eram mais simples. Mas em casa – ou na vida com os amigos, a família, a comunidade – tudo era regido por normas tão estranhas, cheias de complicações e incertezas. Conversamos muito sobre as pressões da vida em família e de como nos sentíamos perdidos. Se essa conversa tivesse sido sobre trabalho, teria sido um bate-papo habitual entre dois homens. Porém, como não se tratava desse assunto, parecia algo novo. E, então, uma coisa muito estranha aconteceu. Nós dois nos demos conta de que, quando ficávamos estressados, muitas vezes isso não acontecia por causa do trabalho, este não era nada. O que era realmente estressante era tudo que *não fosse* o trabalho. Nossos escritórios, com todas as exigências que lá encontrávamos, eram, na verdade, os lugares mais seguros para nos escondermos da realidade da vida. A carreira estimulante havia se transformado numa prisão.

Meu amigo mencionou o fenômeno conhecido como síndrome de Estocolmo, em que a vítima de um seqüestro ou um prisioneiro encarcerado começa a "passar para o outro lado" e mostrar respeito – e mesmo amor – pelo seu seqüestrador ou carcereiro. Ele disse que ocorre algo parecido quando o trabalho se transforma num lugar para nos escondermos.

Depois dessa conversa, passei a entender com mais clareza os problemas da minha vida que tinham relação com a minha carreira. Refleti sobre o papel que o trabalho desempenhava no meu cotidiano e percebi como tinha sido fácil cair numa armadilha. Se você apanhou este livro para ler, provavelmente está às voltas com as mesmas perguntas e dúvidas. Seu trabalho assumiu um papel tão preponderante na sua vida que tudo o mais ficou em segundo plano. Não há como negar a satisfação que o trabalho pode oferecer, mas você também está se perguntando se isso não está tirando de você mais do que está dando. Você teceu uma teia que define quem você é, mas que também serve para escondê-lo. É a sua salvação e a sua maldição – você está vivendo no interior do seu trabalho, e o fato de isso lhe proporcionar infelicidade ou realização quase não importa mais, porque você sente que ele é a sua única opção.

E, quando você olha para a sua vida, vê os momentos, os sintomas que o tornam um homem que confundiu seu trabalho com a vida. Como acontecia comigo, você se sente exausto, mesmo depois de uma noite bem-dormida. Talvez não consiga adormecer à noite porque fica deitado repassando uma conversa que teve por telefone ou, então, ensaiando uma ligação que terá que fazer no dia seguinte. Talvez, quando apresentado a um novo grupo de pessoas, sua atenção se concentre somente no que elas fazem, e o único assunto sobre o qual você consegue falar nas festas é o seu trabalho ou o trabalho dos outros. Talvez você descarregue seu mau humor sobre a sua mulher porque gostaria de fazer isso com o seu patrão. Talvez, ao chegar em casa, você simplesmente não tenha energia para mais nada.

Na condição de homem que confundiu seu trabalho com a vida, lidei com essa situação me mantendo arredio, distante, até calado. Vinha me isolando emocionalmente, fugindo de um júri real e imaginário sempre presente – os que trabalham comigo, meus colegas de profissão, minha família, minha mulher, até meus filhos. Às vezes, caía num estado de ânimo agressivo, mas na maior parte do tempo ficava desorientado, insensível, sem reação. E, como você, eu sentia que não havia uma opção. As crises, os cortes, a "racionalização de custos" e o simples pânico profissional faziam com que me aferrasse ao emprego como quem estivesse se apegando à própria vida.

"Opção" é uma palavra que não consta do vocabulário do homem que está vivendo esse problema. O bom pai e marido é o bom provedor, aquele que não deixa faltar nada em casa. Quantas vezes ouvimos isso? Se não estamos obcecados em abastecer nossas famílias, se não estamos perdidos por uma questão de dever, estamos perdidos em decorrência de nossa ambição. Somos altamente competitivos, hipervigilantes. Assistimos no escritório a um desfile de detentores de MBAs e de sujeitos com boa conversa, e sabemos que podemos provar que somos até melhores que eles! Mas onde estão nossos valores? O que aconteceu com os sonhos que nos empurravam para a frente?

A partir do momento em que identifiquei o que estava errado, meu primeiro pensamento foi: "Como isso aconteceu?" Foi uma ação, uma reação ou um momento decisivo o que criou toda essa confusão entre trabalho e vida? Lembro-me de um período particularmente estressante, logo após eu ter conquistado um cliente importante, uma celebridade. Tinha certeza de que meus problemas com o trabalho tinham começado naquele momento. Mas, então, me recordei de uma época anterior e, depois, de uma antes e de outras e outras antes. Finalmente, cheguei ao ano em que abri minha agência literária e decidi que aquele foi o momento em que tudo começou.

Na verdade, não há nenhum começo. Há ações, reações e conclusões que reforçam a perda de identidade por parte das pessoas durante determinado tempo. Um longo tempo, aliás. Quanto mais eu lia sobre os workaholics e os problemas que afetam principalmente os homens nos seus locais de trabalho, mais eu compreendia que não se tratava de um processo iniciado com aquele primeiro grande negócio. A encrenca em que havia me metido tinha uma longa história. Aquela conversa decisiva com meu amigo não havia sido provocada por um mau dia no trabalho ou mesmo por um mau ano. A coisa vinha de muito antes.

O problema teve início com algo tão simples como ser perguntado com freqüência – às vezes em tom de brincadeira, às vezes mais seriamente – sobre o que eu queria ser quando crescesse. Todo mundo sabe que os pais começam a sondar seus filhos sobre seu futuro emprego muito antes de eles colocarem os pés na creche. São momentos insignificantes, mas, ao se repetirem com insistência, tornam-se marcantes e preparam um jovem para uma vida na qual seu trabalho define sua identidade.

Todos nós ouvimos as mesmas perguntas, aparentemente inofensivas, em cada festa ou reunião de família. "O que você quer ser quando crescer? Talvez um bombeiro? Um astronauta? Um policial?" Essa era a maneira habitual pela qual adultos constrangidos tentavam entrar em contato com crianças igualmente constrangidas. No meu caso, as perguntas se concentravam no meu interesse por desenho, manifestado bastante cedo, o que levava absolutamente todos a pensarem que eu seria professor de arte ou um grande arquiteto. Eu mal saíra do jardim-de-infância e todo mundo parecia saber o que eu iria ser. E a sorte estava lançada. No que me pareceu um piscar de olhos, lá estava eu indo para a universidade para conseguir meu diploma de arquiteto. Eu queria muito satisfazer as expectativas que meus pais e os que gostavam de mim tinham a meu respeito.

No meio do caminho que me levaria àquele diploma trombei feio com um obstáculo chamado matemática. Não tinha nenhum jeito para aquilo. Nenhum interesse. E aí? O que eu seria, se não pudesse ser o arquiteto que todos queriam que eu fosse? Eu já estava me definindo pelo que eu fazia – ou pelo menos por algo que todo mundo dizia que eu devia fazer –, em vez de me preocupar com quem eu era. E eu mal completara vinte anos.

Tal pai, tal filho

Meu pai não era um bom exemplo de como separar a identidade da profissão ou o trabalho do lar. E adivinha onde ele instalou seu escritório? Em casa, claro. Numa era em que um número cada vez maior de trabalhadores está partindo para uma "carreira solo" e instalando seus escritórios em casa, permita-me aconselhá-los: se não demarcarem claramente os limites entre sua vida doméstica e seu escritório em casa, este vai ganhar sempre. Após o jantar, meu pai costumava voltar para o escritório, a apenas alguns passos da sala onde fazíamos as refeições, e continuar trabalhando, muitas vezes até tarde da noite. Como tinha decidido dar prioridade ao trabalho em relação à família, ele freqüentemente ficava irritado ao ser interrompido para tratar de problemas domésticos.

Acabávamos, para dizer o mínimo, atrapalhados pela confusão dos limites entre trabalho e casa. No entanto, pelo menos uma mensagem não podia ter chegado até mim de forma mais clara: a de que meu pai trabalhava e trabalharia quantas horas fossem necessárias para que nós pudéssemos estudar em boas escolas particulares e para abastecer nosso lar de absolutamente tudo.

Sabia que meu pai estava em casa, mas sentia sua presença apenas indiretamente. Minha mãe costumava chamá-lo: "Jon, você está subindo?" Na época, o escritório dele ficava no porão. E minha mãe chamaria de novo por ele: "Quando é que você vai subir?" Eu sabia que ela se sentia abandonada. Provavelmente por isso, a imagem que tinha dele era mais a de uma presença fantasmagórica do que a de um pai de carne e osso. Olhando para o passado, eu me pergunto por que não tomei nota mentalmente desse fato para decidir não desaparecer daquela forma.

Coragem para mudar

Quando compreendi a profundidade do meu problema, senti praticamente um alívio. A questão era séria e levaria algum tempo para ser resolvida, mas era também de algum modo confortador saber que muitos homens, assim como eu, vinham lidando com essa pressão antes mesmo de terem começado a trabalhar. Os papéis masculinos vêm sofrendo grandes transformações, seja no plano profissional, político ou pessoal. Isso pode fazer com que nos sintamos indefesos, zangados ou com medo, mas, por outro lado, proporciona uma era de esperança, uma vez que os problemas enfrentados por nós estão sendo debatidos com seriedade e há centenas de modos pelos quais podemos redescobrir nossa identidade e nossa própria humanidade.

Isso requer um esforço (repare que estou evitando usar a palavra trabalho), mas pode ser feito. Não vou tentar dourar a pílula. Mudar é difícil, talvez seja a parte mais difícil. Quis escrever este livro e partilhar minha história para mostrar a você como mudar, para que lhe seja possível não apenas saber mais sobre como os homens se perdem no seu trabalho, mas também o que podem fazer a respeito. Aos homens, como sabemos, ensina-se a pensar, não a sentir. Podemos fingir nas festas de aniversário, em casamentos, funerais e reuniões de família, mas, sob o sorriso e as risadas constrangidas que damos para parecermos enturmados, continua a existir sempre uma resistência nada sutil.

O que nos falta é praticar não apenas o ato de sentir, mas também o de dedicar um tempo para reconhecer onde estamos e o que estamos fazendo com nossa vida. Isso não é fácil nesse cotidiano de vinte e quatro horas por dia, sete dias por semana e 365 dias por ano, em que nunca estamos longe de um fax ou de um computador, em que há sempre outro e-mail a enviar ou uma ligação a atender, mas podemos aprender a reencontrar comportamentos e sentimentos que estiveram adormecidos há muito – coisas que fazem com que nos sintamos "reais" – e nos tornar assim homens que, de fato, apreciam a família e os amigos, que mantêm uma atitude saudável em relação ao trabalho.

Há poucos anos tirei as primeiras férias de verdade em muito, muito tempo. Não havia nenhum número de telefone por meio do qual clientes pudessem me contatar numa emergência, nenhuma proposta para um novo livro na bagagem, nenhuma revista a folhear em busca de novos escritores. Nada a não ser minha mulher e meus filhos, as razões primeiras pelas quais eu largara meu emprego tempos antes, em 1983, quando tudo estava impregnado de um sentimento de esperança. Eu havia percorrido um longo caminho até chegar àquele ponto – agora eu podia aproveitar de verdade algo simples como umas férias, era capaz de resistir completamente à tentação de transformar uma praia ensolarada em mais um ambiente de trabalho.

Você também pode encontrar o caminho de casa.

CAPÍTULO 1

O MELHOR MENINO DO MUNDO

Papai trabalha tanto

Lembro-me de que o meu pai era bastante ausente mesmo quando estava em casa. E, quando estava conosco, mostrava muito pouco de si mesmo. Contudo, durante suas conversas com minha mãe, escutávamos um bocado sobre o que ele fazia.

Quando penso na época em que tinha seis ou sete anos e estava crescendo em Ohio, minhas lembranças mais nítidas de meu pai são sempre as de vê-lo saindo para trabalhar – fosse para o seu escritório no centro de Columbus ou para o escritório que tinha em casa. Não é somente o fato de que ele ficava menos em casa do que no trabalho. Havia algo de especial no ritual com que se preparava para trabalhar em qualquer dia que fosse. Ele estava saindo para fazer coisas importantes, realizar negócios, trabalhar, garantir que nada nos faltasse em casa. Minha mãe deixava muito claro para minha irmã, para meu irmão e para mim que "ele estava trabalhando". Não era realmente importante o que o meu pai fazia, mas o fato de que ele estava trabalhando, e trabalho era um assunto ao qual nos referíamos com total seriedade.

Esse é um padrão muito comum: se nosso pai trabalha por tantas horas seguidas, nós não o culpamos pelo fato de ele se afastar da família. Novamente, ele não apareceu para jantar: "Ele está trabalhando tanto que não conseguiu voltar para casa a tempo." Ele sumiu de repente durante as férias: "Papai vai estar aqui no fim de semana, pois teve que ficar em casa e trabalhar. Afinal de contas, é ele quem está pagando estas férias." Também nunca comparecia às reuniões da escola. E estava sempre desaparecendo e reaparecendo nos encontros de família: "Papai está no telefone de novo – parece que a firma não consegue funcionar sem ele." Muitas e muitas vezes, nossas refeições eram interrompidas por ligações de trabalho. Os negócios vinham em primeiro lugar, e não havia nenhum limite claro entre o escritório de casa e o nosso lar. Em se tratando de trabalho, minha família tinha sempre uma desculpa para o fato de papai não estar ali. E as desculpas sempre funcionavam.

Meu pai trabalhava por conta própria, o que significa que ele não tinha um patrão no sentido tradicional do termo. No entanto, como, entre outras coisas, ele era representante de vendas, na verdade tinha vários patrões, uma vez que representava cinco ou seis fábricas. Seu desempenho precisava ser bom o suficiente para manter esses homens satisfeitos, e seus clientes também. Agradar a toda aquela gente exigia uma grande quantidade de trabalho. Ele estava sempre pressentindo uma catástrofe iminente, real ou imaginária, caso essas pessoas ficassem descontentes por um único momento.

O lado triste da história é que, para poder fazer todas aquelas pessoas felizes, meu pai raramente estava conosco – para ser feliz ou não. Nunca nos faltou nada, pelo menos em termos materiais. O que fui descobrindo à medida que crescia é que tudo o que nós queríamos era ele. Mas o que tínhamos era apenas a raiva e a frustração provocadas pelo trabalho, que terminava por devorar a maior parte do tempo que nosso pai poderia ter nos dado. Não era um ato de crueldade ou desonestidade. Ele simplesmente não sabia como interagir com os filhos, ou muitas vezes com a nossa mãe, ou até mesmo com os amigos (ele não tinha nenhum com quem falar) nas situações sociais mais superficiais. O foco da sua atenção estava centrado nos negócios, como tinha acontecido com o pai dele e, muito provavelmente, com seu avô.

Uma de suas maneiras de relaxar após um dia de trabalho era assistir ao noticiário. O sucesso do equilíbrio daquele dia estava na resposta à pergunta que valia um tesouro: papai tinha tido um bom ou um mau dia? Seguindo nossa intuição, se o dia tivesse sido ruim, nós nos mantínhamos afastados. Mamãe entrava em cena com um drinque e sua simpatia, e nós tratávamos de ficar longe até que as coisas tivessem se acalmado. Se papai tivesse tido um bom dia, nós podíamos voar para os braços dele, partilhar com ele algumas boas novidades ou talvez lhe falar dos nossos problemas – do irmão que havia se comportado mal, do melhor amigo que não queria brincar conosco, de uma nota ruim numa prova, como tínhamos arrasado no jogo da escola.

O trabalhador virtuoso

A hipocrisia embutida na idéia de que devemos trabalhar o tempo todo para podermos aproveitar a vida pode parecer óbvia para alguns, mas não para todos. Intencionalmente ou não, nunca nos deixavam esquecer quanta sorte tínhamos e o quão privilegiados nós éramos por possuirmos a casa em que morávamos, as roupas que vestíamos e pelo modo como a comunidade nos via. Percebíamos todo o esforço que meu pai empregava para que não nos faltasse nada. Não acredito que meus pais tivessem consciência da intensidade com que esses valores nos eram transmitidos.

Lembro-me das minhas festas de aniversário quando criança. Elas eram sempre bem planejadas e os convidados se divertiam muito. Meu pai estaria presente talvez durante a primeira hora, mas logo iria escapulir para seu escritório. Graças ao seu trabalho duro, pude receber, ano após ano, presentes fantásticos – a melhor bicicleta, uma TV para o meu quarto (na época, uma extravagância), até mesmo um carro quando fiz dezesseis anos. Sei que parece lugar-comum, contudo, por mais que gostasse das coisas que eu recebia, teria ficado muito mais feliz se ele estivesse mais presente e participasse mais das festas. Hoje, compreendo o quanto ele devia se sentir constrangido naquelas ocasiões sociais.

Meu pai também era um dos que confundiam o trabalho com a vida. Por isso, minha mãe e ele conversavam com tanta freqüência sobre trabalho durante o jantar, enquanto íamos de carro à casa dos meus avós ou até na noite de Natal – não havia momentos "sagrados" reservados para a família. A casa era um lugar de negócios, onde a ética do trabalho era seguida dia e noite. O pano de fundo da minha infância incluía papéis-carbono, pastas, chamadas de telefone, barulho de máquina de escrever e o cheiro de desinfetante que a casa exalava. Mas, para além de todo aquele alvoroço, não havia muita coisa mais. Excluindo o trabalho, o que tínhamos de fato? Se você não tomar cuidado, o trabalho duro e a dedicação podem levá-lo exatamente a esta situação: uma casa cheia de pessoas infelizes, olhando para as paredes. Inconscientemente, assimilamos a seguinte equação:

Virtude = Trabalho.

Então, você faz a conta. A vida do papai, na verdade, só tem a ver com o trabalho. O papai é o emprego dele. O pai não é pai se não estiver longe ou no telefone ou no escritório. E o papai deve ser admirado. Não vê que ele é quase um santo, ele trabalha tão duro. Se algum dia cheguei a pensar que aquela obsessão do meu pai iria me ensinar a não repetir seu erro, me enganei. Eu admirava a ética dele e, como qualquer criança, ansiava desesperadamente pela sua aprovação. Querendo ou não, acabei me transformando numa cópia do meu pai. Nem ele nem minha mãe foram os únicos culpados por isso. Era algo que transcendia a nossa casa.

O que você quer ser?

Mencionei o ritual da pergunta sobre o que as crianças querem ser quando crescer. É claro que a pergunta é feita tanto às meninas quanto aos meninos. No entanto, ninguém jamais pergunta a um menino quantos filhos ele quer ter, em que espécie de lar ele gostaria de viver e o que ele acha que o tornaria feliz.

É triste, mas as pessoas pensam que a maior parte dessas indagações deve ser dirigida às meninas. As perguntas feitas aos garotos enfocam *o que* eles querem ser, e não *quem* querem ser, como ou por quê. Então, começamos a desumanizar nossos filhos ainda em sua tenra infância, premiando-os por realizações que não estão ligadas à vida familiar – como ganhar troféus, corridas, jogos –, mas, em última instância, por trabalharem para comprar bens para si e para os outros.

Levei anos para compreender como meus pais eram infelizes, escravizando-se em prol de necessidades que eles mesmos se impunham a respeito do que precisava ser feito. Na época, não via outra opção e até gostava do negócio. Aquilo me fazia sentir importante também. Então, quando meu pai me perguntava o que eu queria ser quando crescesse, mesmo que eu não soubesse a resposta, inventava sempre alguma coisa – invariavelmente algo que eu achava que fosse deixá-lo orgulhoso.

Meninos e meninas aprendem muito somente observando e imitando o comportamento dos adultos. E o que aprendemos é que estar ocupado significa trabalho e que este, por sua vez, encarna a virtude. Eu queria ser amado, queria ser virtuoso, por isso copiei alguns comportamentos do meu pai. Tornei-me ocupado ou, pelo menos, aprendi como parecer ocupado. Na verdade, não estava produzindo nada. Meus trabalhos da escola mostravam isso. Eu me ocupava ficando fora de casa. Queria ficar fora o dia todo – e a noite toda. Não tinha vontade de estar num lugar onde qualquer divertimento parecia algo suspeito – assistir à televisão era considerado uma total perda de tempo, e, se você não tivesse um "projeto", lhe diziam que estava à toa. Já tão cedo na vida aprendi a exagerar o quanto eu estava ocupado. Se eu tinha que fazer o resumo de um livro, não importava o quão difícil aquela tarefa fosse na realidade: o essencial era fazer com que parecesse difícil e demorada. A mensagem que todos nós incorporávamos era uma espécie de versão moderna daquele velho ditado: "Mente ociosa, oficina do diabo."

Apesar de todo o drama que eu fazia, meu pai e minha mãe sabiam que os deveres da escola não davam tanto trabalho assim e queriam ter certeza de que nós também soubéssemos disso. Eles deixavam sempre claro que o trabalho dos adultos era muito mais duro e importante. Era humilhante. Eu não conseguia satisfazer os padrões de produtividade defendidos por meu pai. Nenhum de nós conseguia.

Gradualmente, como muitos outros garotos, aprendi a ir tocando as coisas sem fazer grande esforço. Mas sabia que, se continuasse, eu não apenas perderia o respeito que papai tinha por mim como também não iria "ter sucesso" na vida. Então, compreendi, pouco antes de chegar à puberdade, que queria me tornar o melhor menino do mundo. E me pus em campo para provar que poderia conseguir. Como sempre havia sido o que mantinha a paz dentro da família, fazia sentido que eu me tornasse também o mais produtivo e, assim, conquistasse mais privilégios. Só precisava descobrir que tipo de trabalho iria fazer, quanto desse trabalho bastaria para me tornar virtuoso e pensar como o meu pai iria se orgulhar quando me visse me matando de tanto trabalhar. Eu havia me autodenominado o "bom garoto" da família – e decidi provar isso me tornando muito bem-sucedido. Não tinha a menor idéia de quanto esse projeto iria me custar.

Rapaz autodisciplinado procura alma gêmea

Quando consegui meu primeiro emprego, descobri que o trabalho pode nos libertar – você ganha o seu próprio dinheiro e não depende de nenhuma outra fonte de recursos. O primeiro emprego é um importante marco a indicar nossa condição de adulto.

Com meu contracheque, ganhei toda uma nova série de "supervisores" para acalmar e agradar. Quando cursava o ensino médio, trabalhei numa dessas grandes lojas de brinquedos, na área de estoque. Odiava aquilo, mas sabia que não podia largar o emprego. Isso deixaria meus pais arrasados. Essas coisas são uma loucura. Eu ganhava uma ninharia por hora para subir e descer escadas por três andares, carregando caixas cheias de bonecos. Estava arriscando minha vida por um fabricante de brinquedos e por meus pais.

Mas fui recompensado. Meu pai estava orgulhoso do filho, que tinha um trabalho que lhe ocupava as tardes depois da escola, além de outro nos fins de semana.

Depois que comecei a trabalhar, nunca mais parei. Entre essa época e a conclusão do ensino médio, eu trabalhava depois da aula e fiz uma minicarreira nas férias. Os empregos exigiam bastante. Era assim que eu queria: quanto mais sacrifício exigissem, melhor.

Trabalhei durante todo o tempo em que estive na faculdade. Quando comecei a fazer a pós-graduação, que nunca concluí, consegui meu "grande" emprego – passei a gerenciar uma loja de uma importante rede de livrarias. Pronto! Foi quando eu chegava a trabalhar até quinze horas por dia. Minha exaustão tornara-se estimulante. Estava viciado.

Durante a faculdade havia ficado claro para mim que as notas eram menos importantes do que aquilo que eu pretendia fazer da vida. Se o meu objetivo era deixar meu pai orgulhoso, teria que escolher alguma coisa para fazer. Queria estudar arte, mas ser artista não é uma profissão "de verdade" – pelo menos, foi no que muitas pessoas me fizeram acreditar. Eu tinha ideais, mas eram os ideais oscilantes de um jovem, não crenças amadurecidas de uma pessoa mais velha, que batalhou pela forma como pretende viver. Quanto mais se aproximava a época da minha formatura, mais claro ficava para mim que, apesar daqueles empregos insignificantes, eu não sabia realmente nada sobre um ambiente de trabalho. Estava brincando de trabalhar. Trabalho para mim era somente abaixar a cabeça e seguir em frente até cumprir uma tarefa. Nunca havia refletido sobre o significado da palavra realização.

Quando pude trabalhar de verdade, comecei a aprender duas lições. A primeira delas foi entender que uma série de questões que eu julgava relevantes sobre o trabalho não tinha, afinal, importância. Todo emprego envolvia tarefas que tomavam muito tempo e esforços, sem levarem a lugar nenhum. Contudo, ao trabalharem duro, muitas pessoas conseguiam sobreviver e sustentar suas famílias. A segunda, e mais importante, lição foi saber que, quando o trabalho conduzia realmente a algo maior (um bom investimento, um novo produto que fazia sucesso, um autor que virava um sucesso), as recompensas eram fantásticas. Parecia haver duas opções. Era possível trabalhar duro apenas para sobreviver ou trabalhar duro e se empenhar ainda mais para colher os frutos. De qualquer jeito, tratava-se da mesma mensagem: é preciso dar duro.

Nascimento de um yuppie

Depois da experiência de trabalhar direto o dia inteiro para uma empresa e um patrão que absolutamente não se interessavam por mim (afinal qual é o workaholic de respeito que não quer alguma atenção?), consegui um emprego numa editora.

Bem, a maior parte dos leitores deste livro pode não estar interessada no dia-a-dia dos bastidores do mercado editorial, mas deixe-me explicar que, para um workaholic em formação, aquele lugar era um paraíso. Aprendi, no início do que ficaria conhecido como a era yuppie, que eu precisaria mergulhar de cabeça no trabalho se quisesse ter sucesso. Numa editora, para ascender profissionalmente, é necessário sacrificar noites, fins de semana e até as férias. Espera-se que o funcionário use a maior parte do seu tempo livre para ler e avaliar originais, para ficar em dia com os jornais e revistas da área de entretenimento, para editar pilhas intermináveis de originais e para manter-se no telefone 24 horas por dia, atendendo às solicitações dos autores. Nem sei quantos fins de semana passei falando ao telefone, em contato com famosos, sebosos e pseudocelebridades. Mas não me iludo: a escolha foi minha. Não queria ser o que iria perder o próximo best-seller por ter deixado aquele original ainda desconhecido um ou dois dias a mais na estante. E se alguém o roubasse bem diante do meu nariz? Não queria ser aquele que tinha deixado o escritor famoso irritado por não querer bater papo com ele às onze e meia da noite. E se o diretor da área editorial o transferisse para a responsabilidade de um colega? Queria tomar parte dos leilões dos livros mais disputados, almoçar com os agentes literários mais famosos, ver meu nome na coluna de notícias da *Publisher's Weekly*, a bíblia que todos os meus rivais liam.

Então, fiquei feliz por trabalhar além do horário normal – afinal, já tinha aprendido a fazer isso. E passei a ser amplamente recompensado. Ainda relativamente jovem, comecei a galgar com rapidez os degraus da escada profissional. Chamei atenção. Recebi propostas de emprego. Trabalhava até muito tarde e me aqueci à luz da fama – ou do que julgava ser a fama. Eu era um dos jovens promissores que faziam as coisas acontecerem. Mas o engraçado é que, quando estava chegando perto de completar trinta anos, comecei a me sentir esgotado. Foi quando o impensável aconteceu. Fui demitido de um ótimo emprego em uma editora de prestígio. Fui despedido porque não sabia o que estava fazendo. Não tinha recebido nenhuma orientação do meu superior, nenhuma ajuda. Mas, para ser sincero, eu também não estivera implorando por ajuda. Tinha o meu orgulho e achava que, se continuasse a trabalhar arduamente, meu chefe iria notar e me consideraria um funcionário dedicado e ocupado. Na verdade, eu estava atrapalhado e morrendo de medo.

Meu chefe não tinha nenhuma sensibilidade, para dizer o mínimo, e eu acreditava que, de alguma maneira doentia, ele queria que eu fracassasse. De um modo geral, aquele era um lugar brutal e impiedoso para trabalhar. Costumávamos dizer que “eles” não esperavam que nós déssemos as costas: “eles” nos esfaqueavam *pela frente.*

Um ambiente de trabalho como esse parece feito de encomenda para forjar jovens workaholics. Eu fracassei cem por cento.

Podia ter aproveitado minha demissão como uma oportunidade para parar e pensar sobre o que estava fazendo. Estava feliz com meu trabalho? Queria seguir outra carreira? Havia aprendido algo com meus erros? Tinha alguma meta a curto ou longo prazo? Afinal, eu vinha mudando de emprego desde a adolescência e faria sentido se agora dedicasse algum tempo à introspecção e à auto-análise. Não reservei um momento sequer para isso. Eu me ocupei com alguns pensamentos efêmeros provocados pelo pânico e pela humilhação, mas de um pulo voltei à corrida por um emprego no ramo editorial. Depois de uma semana, consegui outro trabalho. Senti-me, então, motivado a ir em frente e a conseguir novos sucessos. E, agora, podia fazer isso ocupando um cargo ainda mais elevado e que me proporcionava mais dinheiro. Mais dinheiro – essa é outra grande armadilha.

Mas uma coisa aprendi ao ser demitido: tanto faz se damos duro para sobreviver ou para ser bem-sucedidos, pois somos mais bem recompensados quando desempenhamos o papel de “fazedores” do que o de “pensadores”. Um homem que toma decisões rapidamente e sem vacilar é considerado mais masculino. Aquele que hesita parece pouco seguro de si, da capacidade do seu intelecto, do seu poder ou do seu lugar. Ele não é visto como alguém cuidadoso ou ponderado, é apenas um dos que seguem, em vez de ser um líder. É parte do nosso ofício julgar uma pessoa ou situação de forma instantânea. Afinal, temos tanta coisa para fazer, não temos muito tempo – e certamente nenhuma tendência – para ponderar, pesar, considerar.

A maioria de nós viu os pais tomarem decisões rápidas. “Sim!” ou “não!”. Sem discussão, só baixando o decreto. Eles nunca tinham medo? Nunca tinham dúvidas? Claro que sim.

Todos nós sentimos medo ao tomarmos uma decisão, não importa quanta calma aparentemos. Mas o que nunca podemos mostrar é hesitação. Como nos dedicamos a tomar decisões importantes todos os dias, não podemos hesitar. Simplesmente não temos permissão para isso. Além disso, há o poder conferido por essa aparente autoconfiança. Pode ser covardia, impaciência, tédio ou medo o verdadeiro motivo que nos empurra para as conclusões instantâneas, mas ninguém jamais põe em dúvida a postura do sabe-tudo. Não demorei muito para aprender que era melhor ser rápido com a resposta errada do que parecer lento com a resposta certa.

O orgulho é outra cortina de fumaça que temos de criar à medida que deixamos para trás os primeiros empregos e começamos realmente a lidar com o sucesso. Se eu sei tudo, por que precisaria refletir sobre algo ou pedir ajuda? Uma exagerada auto-estima não significa necessariamente que você já se perdeu no seu trabalho, mas pode acreditar que ela fecha a porta da armadilha, uma vez que você venha a cair lá dentro. Como você é orgulhoso demais para pensar ou para pedir auxílio, a sua atitude é voltar-se para a sua atividade, e, ironicamente, o orgulho pelo que faz termina definindo você. O produto do seu trabalho – seja uma roupa passada de forma exemplar, seja o bisturi perfeitamente afiado para a mais delicada das cirurgias – torna-se aquilo que diz quem você é.

Encontrei minha mulher graças ao meu trabalho no ramo editorial. Ainda bem jovem, Wendy havia assumido um cargo de prestígio num grande estúdio, era muito bem-remunerada e circulava entre estrelas de cinema e figuras poderosas. Fui atraído pela imagem que ela apresentava. Como poderia resistir? Diante de mim, estava uma executiva do mundo do cinema, muito bonita e em franca ascensão, que parecia transmitir uma total autoconfiança e ser uma fanática por trabalho como eu – minha perfeita cara-metade.

Casamos e, profissionalmente, ambos nos encontrávamos exatamente no mesmo estágio de ascensão. Durante um bom tempo, trabalhamos de maneira igualmente furiosa. Nosso trabalho exigia, em grande medida, uma vida social intensa. Na maior parte das noites, estávamos ou nos nossos escritórios ou jantando com clientes.

Nosso primeiro filho, Michael, nasceu em 1979. Wendy tomou a decisão de ficar em casa para cuidar dele. Nós nos mudamos para um distante subúrbio de Nova Jersey, mas eu continuei indo trabalhar em Manhattan todos os dias. A viagem era terrivelmente demorada e, assim, raramente via nosso filho recém-nascido durante o dia. Eu saía de casa de manhã, ainda escuro, quando ele normalmente estava dormindo, e voltava à noite, quando ele estava dormindo de novo.

Em 1982 chegou nosso filho Ross. Havíamos, então, nos mudado de Manhattan para Minneapolis, onde Wendy e eu montamos nossa agência literária. Agora, passaríamos a ser nossos próprios patrões: em vez de recebermos ordens, faríamos a coisa "do nosso jeito".

O nosso jeito acabou sendo o "meu jeito". Eu permanecia a postos o dia todo e noite adentro. Wendy estava por perto e, certamente, ajudou a deslanchar o que acabou se tornando um sólido empreendimento. Contudo, quando ela desaparecia para assumir o segundo turno com as crianças, era novamente a minha vez de retomar as rédeas e submergir no trabalho.

Fiquei viciado em realizar grandes negócios. Se me sentia encurralado ou isolado, sempre podia fechar outro contrato e exibi-lo como uma prova de que não precisava de ninguém. Confiava no meu próprio gosto, no meu próprio julgamento, no meu próprio sentido de criatividade. Eu não apenas tinha que trabalhar horas a fio, eu *queria* fazer isso. Dava-me o luxo de ficar completamente perdido, imerso no trabalho. Quem iria me recriminar por isso? Eu vinha me destacando no meu ramo: deixei de ser um peixinho no grande lago do mercado editorial de Nova York e me transformei num peixe grande no pequeno lago das agências literárias de Minneapolis. Os meus sucessos – os polpudos contratos que obtinha para os autores da minha agência – eram o combustível que alimentava meu caso de amor com minha escrivaninha e meu telefone. E, então, mais e mais dinheiro começou a entrar. Uau! Essa coisa de trabalhar sem parar estava realmente me trazendo recompensas, mas a que custo?

A pane

Mais dinheiro. Mais status. Mais distância em termos emocionais. Mais desculpas para mim mesmo. Eu me escondia cada vez mais da minha família. Estava me isolando do mesmo modo que os alcoólatras costumam fazer. Estava me transformando num homem frio, raramente demonstrando alguma emoção ou interesse em relação à minha mulher e à minha família, mas continuava a ser o superprovedor, aquele que não deixava faltar nada.

Some todos estes elementos – as longas horas, a disponibilidade constante para os assuntos profissionais, o orgulho pelo trabalho – e, ainda assim, isso não significa que você seja necessariamente um viciado em trabalho. Se você está trabalhando a toda velocidade, sem intervalos para renovar as forças e recarregar sua energia, no íntimo você compreende que está correndo perigo. Sabe que está "rodando sem combustível", mas não faz uma pausa para avaliar a gravidade do fato. É fácil ignorar um problema se você não tem como quantificá-lo. Um dia, porém, encontrei o tipo de teste sobre a vida real que me obrigou a refletir. Ele é conhecido como A Escala de Esgotamento, de Pines e Aronson. Responda às perguntas da página seguinte e, depois, some os pontos para ver se você está correndo o risco de sofrer uma pane.

Com que freqüência você experimenta as seguintes sensações e situações?

Use esta escala*:

1 = Nunca
2 = Uma vez em muito tempo
3 = Raramente
4 = Às vezes
5 = Freqüentemente
6 = Habitualmente
7 = Sempre

____ 1. Sentir-se cansado
____ 2. Sentir-se deprimido
____ 3. Ter um bom dia
____ 4. Sentir-se fisicamente esgotado
____ 5. Sentir-se emocionalmente esgotado
____ 6. Sentir-se feliz
____ 7. Sentir-se esmagado
____ 8. Ter a sensação de que você não agüenta mais
____ 9. Sentir-se infeliz
____ 10. Sentir-se desacreditado
____ 11. Sentir-se preso numa armadilha
____ 12. Sentir-se inútil
____ 13. Sentir-se abatido
____ 14. Sentir-se perturbado
____ 15. Sentir-se desiludido e ressentido
____ 16. Sentir-se fraco e vulnerável a doenças
____ 17. Sentir-se sem esperança
____ 18. Sentir-se rejeitado

---

* Adaptada de *Career burnout: causes & cures* (Carreira em pane: causas & curas), de Ayala Pines e Elliot Aronson.

___ 19. Sentir-se otimista

___ 20. Sentir-se ativo

___ 21. Sentir-se angustiado

Para calcular seus pontos, some os valores que escreveu nos itens 1, 2, 4, 5, 8, 9, 10, 11, 12, 13, 14, 15, 16, 17, 18 e 21.

Total = _____ (A).

Some os valores que escreveu nos itens 3, 6, 9, 19 e 20.

Total = _____ (B).

Subtraia (B) de 32.

Total = _____ (C).

Some A mais C.

Total = _____ (D).

Divida D por 21.

Total = _____. Esta é a sua pontuação no teste.

Interpretando sua pontuação:

Se você ficou entre 2 e 3, está indo bem.

Se ficou entre 3 e 4, você pode estar correndo o risco de sofrer uma pane.

Se ficou acima de 4, você está vivendo uma situação de pane, de esgotamento.

A exemplo do que acontece com o alcoolismo, também há sinais de alerta no caso da dependência em relação ao trabalho, ainda que não sejam tão óbvios. O problema é que o meu negócio estava prosperando ainda mais, o que parecia justificar o tempo que eu passava longe da minha família. Mas, mesmo quando não estava ocupado, continuava a me comportar como se estivesse correndo, lutando, brigando pelo sucesso. E, como tudo dizia respeito ao trabalho, ninguém podia falar nada. Se eu tivesse tomado dez drinques numa festa, minha mulher me puxaria para um canto e reclamaria. Mas trabalhe dez horas extras no fim de semana – quem vai fazer você parar? Homens que se sacrificam dessa forma são quase sempre louvados como superempreendedores. Quase sempre a verdade é que, apesar de parecerem produtivos, muitos deles são absolutamente infelizes, se sentem subestimados e têm baixa auto-estima. Porque essa é a verdade à qual, no fim, todos chegamos. A questão não é o quanto você trabalha, mas como você se sente ao trabalhar tanto. E eu me sentia desconsolado.

Trabalho e narcisismo

Freqüentemente, a dependência em relação ao trabalho é considerada uma expressão de autoconfiança, mas, em geral, o que ela expressa é narcisismo. Nem todos os homens que se perdem no trabalho são narcisistas. Mas homens que ficam muito ocupados consigo mesmos – na maioria dos casos como resultado de suas realizações – são como o personagem grego Narciso, sempre contemplando o espelho-d'água e se apaixonando pelo próprio reflexo. É uma ocupação solitária, mas muitos só conhecem essa maneira de viver.

Eu estava ficando viciado na minha *persona*, na minha figura pública, na imagem que me fazia parecer o guru do mercado editorial. Era esse o meu tipo de narcisismo, produzido em grande medida pela dependência em relação ao trabalho.

O aspecto mais difícil do narcisismo é reconhecer esse problema em você mesmo. Mais uma vez, como se trata de trabalho, isto é, como o fruto do seu problema não é uma ressaca, mas um contracheque, é difícil perceber se você está fazendo algo para satisfazer sua própria vaidade ou para atender às necessidades de outras pessoas. Eu pensava que estava realizando algo positivo para a minha família, mas, quando dei uma boa olhada em mim mesmo, compreendi que estava me comportando daquela forma fundamentalmente por minha causa.

Quando os homens estão abertamente envolvidos consigo mesmos, sobra pouco espaço para qualquer outra atividade ou pessoa. Não é que eu tivesse perdido o contato com o mundo exterior. Na verdade, eu provavelmente acreditava que o mundo e tudo e todos que existiam nele estavam lá para mim. Estabeleci padrões de acordo com as minhas vaidades. Resumindo: meu senso de auto-estima tornou-se o meu universo.

No momento em que você fica preso ao que pensa que sua imagem é, e não ao que ela é realmente, torna-se fácil confundir os limites entre o narcisismo físico, o narcisismo mental e o narcisismo profissional. Devia ter me lembrado do que se diz às pessoas que aparecem na mídia: "Não acredite no que falam de você nos jornais." Ao se transformar no seu trabalho, na sua carreira, você quase que automaticamente se torna uma pessoa mais superficial. Por quê? Porque não há espaço no seu mundo para mais ninguém, exceto você. Com Wendy tão ocupada com as crianças, eu podia sair para trabalhar cada vez mais cedo e só voltar tarde da noite – às vezes, quando todos já estavam dormindo há muito tempo. Eu tinha agora a oportunidade de mergulhar ainda mais fundo no trabalho, pois as chances para isso pareciam se multiplicar milagrosamente. De repente, eu precisava tomar um vôo para Nova York, ou ir a Los Angeles para cuidar de outras coisas, ou ocasionalmente viajar de carro para me encontrar com clientes em potencial. Afinal, tudo aquilo era parte do esforço para nos tornarmos ricos, felizes e livres de preocupações.

Vários estudos sobre esse problema demonstram que homens que se afundam no trabalho por cinqüenta horas ou mais por semana não são particularmente "trabalhadores inteligentes". Então, não é apenas a produtividade que sofre com isso, mas, é claro, também o homem, pois ele acaba confundindo o seu emprego com a vida. Eu considerava leve uma semana de trabalho de cinqüenta horas. O normal era eu trabalhar cerca de sessenta horas.

Esticado até o limite – era assim que me sentia. À medida

que o negócio crescia e eu me recolhia mais dentro de mim, não podia ser condenado (ou era isso que pensava) porque, mesmo que estivesse emocionalmente distante, estava conquistando uma renda espetacular.

Por um longo tempo, não pude ver o que estava perdendo, porque não era capaz de perceber o que o trabalho estava fazendo comigo. Como não havia limites para a minha jornada diária, eu trabalhava, trabalhava e trabalhava. Mas não se trata apenas de um jogo em torno de números. Um workaholic pode trabalhar cinqüenta horas por semana, enquanto uma pessoa perfeitamente saudável (ainda que bastante ocupada) pode trabalhar sessenta horas. A diferença é que, mesmo trabalhando sessenta horas, essa pessoa ainda se mantém intimamente ligada à família, aos filhos, à comunidade. Ela é capaz de dar prioridade a eles. O homem que confunde seu emprego com a vida se agarra ao trabalho. Isso ocorre de um modo tão traiçoeiro, que quase não me dei conta até que fosse tarde demais.

CAPÍTULO 2

FAÇA O TESTE: VOCÊ É UM WORKAHOLIC?

A relação mórbida com o trabalho é um vício. Se nada fizermos para deter esse impulso doentio, o trabalho acabará nos matando e nós teremos puxado o gatilho. Ele nos rouba de nós mesmos – e daqueles que nos amam. Essa doença, ao mesmo tempo lamentada e celebrada, pode destruir um casamento e dissolver as relações familiares da mesma forma que o gim ou a cocaína.

Quando eu estava afundado até o pescoço no meu próprio problema, teria resmungado diante da idéia de preencher o questionário a seguir. Quem tem tempo para isso? E, se estou doente, por que não posso simplesmente tomar um remédio? Vamos, me dê uma pílula, rápido, ou, então, um exemplar de *Dez grandes dicas para curar meu vício de trabalhar*. Isso faz parte do que é tão nocivo em qualquer vício, seja álcool, drogas, sexo ou trabalho – os hábitos nocivos o impedem de saber até que ponto está doente. Vícios são doenças que acabam disfarçadas sob a forma dos mecanismos que usamos para lidar com elas.

O que torna esse mal tão difícil de ser diagnosticado é o fato de ele ser normalmente uma maneira legítima de passar o dia. Pense em todos os que estão trabalhando à sua volta. Observe aquela pessoa no fundo da sala, ocupada em digitar um texto dentro de determinado prazo. Como você poderia saber se ela sofre desse problema? Como faria o diagnóstico? E, ainda mais importante, como ela vai saber, se não estiver disposta a dedicar algum tempo para descobrir?

O teste a seguir é uma ferramenta, nada além disso. Mas, se

você decidir usá-lo, ele pode tornar-se inestimável. Só o fato de se submeter ao questionário, ler cada pergunta e responder honestamente já é benéfico. Resista à tentação de passar os olhos pelas perguntas correndo para saber logo sua pontuação. O resultado final oferecerá um quadro das suas atitudes em relação ao trabalho, porém o tempo que você dedicar a cada pergunta também é importante.

Não é a resposta final que conta, mas a maneira de se chegar até ela. O vício do trabalho usa muitas máscaras, e a forma que ele utiliza para esconder quem você é não é a mesma que ele emprega para esconder quem eu sou. As perguntas a seguir tentam revelar a raiz de alguns sintomas, como a raiva, problemas relativos ao sono e distanciamento emocional. Pense nelas menos como perguntas convencionais de um teste, para as quais existem uma resposta certa e uma errada, do que como indagações destinadas a levantar questões. O questionário como um todo ajudará você a perceber certos padrões na sua vida. Contudo, talvez uma única pergunta baste para lançar luz sobre sua vida inteira.

Um teste para workaholics

Se você acha que provavelmente está encarando seu trabalho com entusiasmo excessivo e sua tensão diária está lhe fugindo ao controle, use a escala abaixo para fazer o teste:

5 = sim, totalmente
4 = sim, a maior parte do tempo
3 = eventualmente
2 = raramente, quase nunca
1 = nunca

1. a) Mostro temperamento explosivo e tenho pavio curto.

1 2 3 4 5

b) Fico muitas vezes "a ponto de explodir" – e posso estourar a qualquer minuto.

1 2 3 4 5

c) Sinto que a raiva faz parte da minha constituição mental – é parte de mim – e não consigo me livrar dela.

1 2 3 4 5

d) Vivo carregado de ressentimentos que acabam assumindo a forma de raiva.

1 2 3 4 5

e) A raiva é quase sempre um fator de motivação quando tomo decisões.

1 2 3 4 5

f) Perco a cabeça com facilidade quando encontro erros e deslizes que outros tentam me impingir.

1 2 3 4 5

g) A raiva que sinto muitas vezes tira a minha atenção de determinada tarefa e faz com que meu pensamento se disperse.

1 2 3 4 5

h) Quando ocorrem erros importantes, tenho sempre certeza de que foram cometidos pelos outros.

1 2 3 4 5

TOTAL ________

2. a) Meus padrões em relação ao sono são irregulares, tenho dificuldade em adormecer e em despertar reanimado.

1 2 3 4 5

b) Experimento uma sensação de apreensão e pavor que me envolve como uma mortalha quando penso nas minhas obrigações financeiras e se serei ou não capaz de cumpri-las.

1 2 3 4 5

c) Em geral, costumo me sentir constrangido diante de meus colegas de profissão em encontros sociais; fico angustiado e deslocado.

1 2 3 4 5

d) Mudanças no trabalho ou em casa me deixam perturbado – preciso da rotina para evitar um baque emocional.

1 2 3 4 5

e) Estou numa idade em que me sinto enraivecido, angustiado e ameaçado por qualquer novo funcionário ou colega de trabalho que seja mais jovem do que eu, especialmente se o seu desempenho merece destaque.

1 2 3 4 5

f) Afastei-me de alianças e amizades que estabeleci no trabalho e não procuro substituí-las por novos relacionamentos.

1 2 3 4 5

TOTAL 15

3. a) Não acho que esteja sendo "ouvido" nem valorizado em casa por minha esposa e meus filhos.

1 2 3 4 5

b) Tenho medo de que outros – não importa quem – venham a descobrir como sou fraco e improdutivo.

1 2 3 4 5

c) Provoco cenas desagradáveis em casa, que rapidamente escapam do meu controle por causa da minha frustração e ansiedade.

1 2 3 4 5

d) Quero que tudo seja feito à minha maneira – tomo decisões rápidas e odeio que outros ajam antes de mim.

1 2 3 4 5

e) Tento não chamar atenção tanto em casa quanto em situações de convívio social.

1 2 3 4 5

TOTAL 14

4. a) Sonho acordado sobre como as coisas eram melhores antes.

1 2 3 4 5

b) Em casa, tenho tentado me esconder assistindo à televisão, lendo jornal ou ingerindo álcool.

1 2 3 4 5

c) Minha tendência a evitar os outros nunca esteve tão acentuada – estou começando a me afastar das pessoas mais próximas, dos membros da minha família e da minha esposa.

1 2 3 4 5

d) Ninguém me entende de verdade e ninguém compreende o quanto eu trabalho.

1 2 3 4 5

e) Não confio em ninguém, e quase não há ninguém que mereça minha atenção.

1 2 3 4 5

f) Na metade da jornada de trabalho já me sinto tão estressado, que tenho certeza de que meu desempenho e minha produtividade são quase zero.

1 2 3 4 5

TOTAL __________ TOTAL GERAL __________

Se o resultado da sua soma ficou entre 80 e 105 pontos, você precisa de alguma ajuda. Ler este livro é um bom começo. Se a sua pontuação se manteve na faixa de 50 a 80, lamentavelmente é possível que você esteja a caminho de tornar-se um completo viciado em trabalho. Dê uma boa olhada nos itens em que seu índice foi mais alto. É a ansiedade em relação ao trabalho? É a sua infelicidade no que se refere à família, aos amigos e ao status ? Os números altos mostram que você perde a cabeça rápido demais e que pode precisar de ajuda para administrar sua raiva? Como esse teste sucinto mostra, o mal de que você é vítima constitui-se de vários componentes. Raiva e angústia são os alicerces dessa doença; por isso, se você alcançou índices elevados nesses aspectos, está fadado a viver um período infeliz e improdutivo.

Se você obteve de 26 a 50 pontos, é provável que esteja experimentando alguns reveses e certa ansiedade no seu dia-a-dia; para enfrentá-los, procure tomar consciência do que está provocando o problema. Talvez você esteja bem agora, mas ainda pode ser uma presa da fera que estamos tentando domar.

É importante que você não fique se depreciando, independentemente de quantos pontos tenha feito. Essa avaliação está associada a um esforço para melhorar, não à autoflagelação. Se você atingiu uma pontuação alta ou se enquadrou na zona que significa um alerta, a primeira coisa a fazer é... nada. O trabalho nos ensina a saltar logo para a solução do problema, a agir de maneira rápida, eficiente e enérgica. A idéia de que os homens são excelentes na arte de solucionar problemas é um clichê que ainda faz parte da nossa cultura. Mostrando sua fibra, e seguindo aquele instinto que faz de você um sucesso no trabalho, seu primeiro impulso será o de ver o resultado do teste e pôr mãos à obra para consertar tudo. Nem me lembro de quantas vezes disse a mim mesmo: "Se existe um problema, existe uma solução." Todos nós falamos em apagar incêndios. Bem, esse incêndio vem ardendo há muito tempo. Não vai causar nenhum estrago deixar que ele queime mais um pouquinho.

Uma vez que você descubra que tem um problema em relação ao trabalho, o primeiro passo é decidir se vai ou não fazer algo a respeito. Essa é a atitude importante a ser tomada.

O que vai causar estrago é tentar consertar tudo apressadamente. A relação doentia com o trabalho não é um soluço na nossa vida, um pneu furado que nos faz diminuir a velocidade até que tiremos o estepe da mala. Nossos problemas têm menos a ver com o que estamos fazendo do que com o *como* e o *porquê*. As soluções que precisamos encontrar são mais profundas. A cura que buscamos tem que se processar ao longo de um período demorado. Significa mais do que simplesmente dizer a nós mesmos: "Tenho um problema com o trabalho; por isso, nesta semana, vou trabalhar somente cinqüenta horas, em vez de sessenta ou setenta horas." Isso não funciona porque, quando contamos o número de horas, não lidamos com a questão de como as estamos vivendo, ou com o jeito como estamos fugindo da nossa família ao deixarmos o celular ligado durante o jantar, ou com a raiva que sentimos de um amigo pelo fato de ele não concordar conosco, pois é essa a expectativa que temos em relação aos nossos subordinados.

Agora que você fez o teste, tente se observar ao longo do dia. Os capítulos seguintes vão ajudá-lo a identificar padrões de comportamento que podem ter passado despercebidos. E, uma vez que tenha se conscientizado da natureza exata do seu problema, será mais fácil para você conseguir auxílio.

O humor parece ser de grande ajuda para lidar com muitos problemas (reais e imaginários), e descobri, em momentos de pânico, que uma risada ou uma piada sobre nós mesmos nos auxiliam a ver uma situação aparentemente fora de controle sob uma perspectiva razoável. Muito bem, você tem um problema, mas não é o fim do mundo. Pergunte a si mesmo: isso vai ser posto em discussão no Conselho de Segurança da ONU? Nesse estágio, gostaria de frisar um ponto importante: não tente negar o problema. É a mesma coisa que "um gole" representa para o alcoólatra. Admita, decida que quer fazer algo a respeito e, durante algum tempo, guarde dentro de você a idéia desse compromisso. Se você se sentir tentado a ignorar o assunto, releia o seu teste e lembre-se de que existe uma maneira melhor de enfrentar isso. Se preferir, leia as páginas a seguir e veja se o que aconteceu comigo lhe parece desagradavelmente familiar.

CAPÍTULO 3

O PRIMEIRO PASSO RUMO À ARMADILHA

O degrau de uma escada não foi feito para se ficar ali para sempre, mas apenas para servir de apoio ao pé de um homem o tempo suficiente para que ele possa subir mais alto.

Thomas Henry Huxley

Mesmo que você tenha tomado a decisão de se esforçar para obter mais equilíbrio na vida, não lhe será possível avançar rumo a essa meta sem compreender melhor como chegou ao ponto em que se encontra agora. É preciso que examine com mais atenção alguns pressupostos sobre aquilo de que você "precisa" para ser do jeito que é. É necessário que se conscientize de como organizou ao seu redor o pequeno mundo do trabalho para satisfazer essa parte de você que tenta atingir os padrões a que se impôs.

Comece lendo a lista de comportamentos a seguir. Quantos deles se aplicam a você?

As atitudes de risco que o impedem de melhorar

- Em casa, você mantém o computador ligado (partindo do pressuposto de que seu principal local de trabalho não é ali).
- Deixa o computador ligado o tempo todo.
- Se lhe é possível acessar seus e-mails do escritório em casa, você faz isso sem parar. Não é raro que você envie a seus colegas de trabalho mensagens bem tarde da noite ou pela manhã bem cedo.

- Enquanto volta para casa, responde "àquelas últimas ligações do dia" usando o celular.
- Costuma dar seu número de casa aos colegas de trabalho e a pessoas com quem se relaciona nos negócios (sem contar, é claro, os amigos de verdade) e os deixa à vontade para telefonar.
- Recolhe a maior parte das coisas em cima da sua mesa e todos os números de telefone para os quais ainda precisa ligar e leva tudo para casa porque sabe que, durante a noite, "vai fazer o que ficou faltando". (Já percebeu quantas vezes toda essa tralha fica de molho em sua pasta até o dia seguinte?)
- Você se oferece para "assumir um projeto" ou ajudar um colega, mesmo sabendo que já está com uma enorme carga de trabalho.
- Cancela uma porção de compromissos sociais e encontros familiares.
- Você se sente física e psicologicamente esgotado antes de o dia terminar, mas segue em frente mesmo assim.
- Tenta "parecer ocupado" – mesmo que você devesse estar ocupado –, mas a sua atenção não está naquilo. Você não tem nenhum sentido de prioridade.
- Chega ao trabalho antes de todo mundo. (E talvez sinta uma certa alegria íntima ao ver que o horário estampado naquele e-mail que mandou para o seu supervisor era de muito antes das nove horas da manhã.)
- Fica no trabalho tarde o bastante para dar boa-noite à equipe da limpeza (acreditando que os que saem antes são uns fracos).
- Está sempre checando o pager e olhando para o relógio em ocasiões sociais. Seu celular está invariavelmente enfiado no cinto ou no bolso, ao alcance da mão.
- Encara um fim de semana prolongado como uma ótima oportunidade para pôr o trabalho em dia e não como uma grande chance para relaxar.

- Ao chegar de uma viagem, liga para o escritório no instante em que o avião toca na pista.
- Toma antiácidos com uma freqüência exagerada.
- Cancela consultas médicas ou idas ao dentista só para remarcá-las mais adiante (apenas para cancelá-las de novo).
- Tem medo, ainda que seja difícil dizer do que você tem medo.

Não importa se você está tentando vencer a dependência em relação ao trabalho ou simplesmente reconhecendo que sofre desse problema: o fundamental é aprender a reconhecer as circunstâncias que desencadeiam o processo. Se você já tentou largar o cigarro ou seguir uma dieta, sabe como funcionam esses "fatores de risco", pequenos gestos capazes de fazer desmoronar toda a sua força de vontade. Pode ser uma xícara de café ou um gim-tônica que o deixam louco para fumar ou, então, uma garfada de massa que o deixa tentado a quebrar a dieta e engolir um prato inteiro de canelone. É sabido que as férias e os feriados são períodos em que tudo conspira para desencadear tentações. Há o estresse da família, a saudade de determinadas comidas e a pressão geral para que você se permita aquele drinque extra ou aquela colherada a mais de comida.

Com o trabalho acontece o mesmo, e as atitudes que alimentam a fraqueza de um workaholic contam com a aprovação pública. Tente dizer ao anfitrião de um jantar comemorativo que você já bebeu demais ou tente dizer à sua mãe que você não quer mais um pedaço de torta e verá aquele brilho de desapontamento nos olhos dela. As pessoas provavelmente o incentivarão, o adularão, e, na maioria das vezes, você acabará cedendo. É exatamente o que ocorre com o trabalho quando você se vê diante daquele esforço extra que determinado projeto exige, ou do telefonema do chefe no fim de semana, ou de um cliente de fora da cidade que você precisa levar para jantar quando sua vontade é ir para casa e ficar com a família. É assim que o problema começa, com pequenos medos e inseguranças. Seu chefe lhe pede que fique até mais tarde e você apresenta uma desculpa ou resiste de outra forma qualquer, mas o que se espera é que você acabe aceitando. Depois de certo tempo, esses "comportamentos de risco" vão assumindo formas completamente diferentes, porém nunca desaparecem. Após algum tempo, não é preciso um pedido especial do chefe para fazer você ficar até mais tarde. Você mesmo toma a iniciativa.

Um dos meus maiores e mais freqüentes problemas nesse aspecto ocorre quando um cliente pede ou implora que eu o ajude em algo que está além das minhas obrigações. Sou vulnerável à adulação, e a necessidade de me sentir "importante" para as pessoas pode me tornar propenso a prometer muito e a cumprir pouco.

Quais os comportamentos que desencadeiam esse processo em você? Comece com a lista descrita anteriormente e acrescente outros itens que se apliquem ao seu caso. Ter consciência de quais são esses fatores é o primeiro passo para não os deixar desencadear o processo.

Essas "tentações" escondem questões mais abrangentes. Muitos de nós descambamos para a dependência em relação ao trabalho porque, na verdade, estamos tentando alcançar outros objetivos ou satisfazer o que consideramos necessidades. Vamos examinar com mais atenção alguns dos principais fatores que podem nos arrastar para essa situação.

O pai que não deixa faltar nada

Ao aumentarmos nossas famílias, é verdade que sentimos uma autêntica alegria. Pelo menos, no começo; depois, vem o medo.

As realidades que surgem com a responsabilidade de criar um filho nos obrigam a repensar nossa relação com o trabalho. A princípio, dizemos que não podemos mais ficar horas e horas na nossa mesa, ao telefone ou num avião. As exigências dessas novas pessoas, bem como as da mulher ou do marido, aumentam a tensão nos relacionamentos e impõem uma carga extra que pesa sobre todo mundo.

Ironicamente, muitos de nós começamos a nos afastar da família logo depois que a constituímos. Nossa angústia aumenta à medida que passamos a estabelecer essa distância, mas logo descobrimos que podemos nos refugiar na rotina diária do trabalho. E quem vai nos chamar a atenção para isso?

Sei que comecei a trabalhar mais e mais para fazer meu negócio progredir porque via meus filhos crescerem cada vez mais rápido. Sentia um bocado de pressão vinda de todos os lados – da minha mulher, dos meus pais, dos meus amigos e, mais importante talvez, de mim mesmo –, no sentido de cuidar para que nada lhes faltasse. Parte das minhas preocupações tinha fundamento. Garantir que haja dinheiro suficiente para pagar a faculdade de dois filhos é uma preocupação legítima, sem mencionar todas as coisas que uma família deseja imediatamente ou das quais precisa. Quem é que, quando o relógio marca o fim do expediente, nunca parou e pensou: "Talvez deva trabalhar mais um pouco, produzir um pouco mais hoje. Pode ser que isso me ajude a conseguir aquele aumento." Todos sabemos que aumentos de salário realmente proporcionam alguma melhora concreta na vida de nossas crianças.

Uma vez que você tenha sido bem-sucedido na sua missão de dar conforto e bens materiais à sua família, interromper esse processo não é algo fácil. As famílias criam expectativas em relação a determinado padrão de vida. E o nível desse padrão, pode ter certeza, em breve será remarcado alguns pontos acima.

Minha família acostumou-se a desfrutar férias caras, a jantar fora com freqüência e a viver em casas grandes e bonitas, além de possuir praticamente todos os videogames em quase todos os formatos existentes na face da Terra. Não que eles pedissem essas coisas. Na verdade, eles raramente, se é que fizeram isso alguma vez, reivindicavam bens materiais. Minha iniciativa de proporcionar-lhes tudo isso só tinha realmente a ver com meu próprio sentido de auto-estima. Eu havia assumido com convicção o papel do "pai que não deixa faltar nada".

Numa família sustentada por duas fontes de renda, o "segredinho sujo" por trás dessa situação é que aquele que tem o contracheque mais gordo detém o poder. Marido e mulher sabem disso. A menos que esse pressuposto seja desafiado, aquele que tem um salário melhor se sente com mais direito de decidir como o dinheiro vai ser gasto. Na maior parte dos lares nessa situação é o pai quem leva para casa o contracheque mais recheado. Daí para a suposição de que "é o papai que faz as regras" é apenas um passo. Isso é realmente inevitável, a não ser, é claro, que as duas partes discutam abertamente a questão, sem nenhum sentimento de raiva ou remorso. É difícil não se deixar seduzir pelo sentimento de ter mais poder, de sentir que sua palavra pesa mais, de fazer com que na maioria das vezes tudo seja feito à sua maneira. Se "o homem da casa" ganha mais dinheiro do que sua mulher, ele começa a sentir que precisa trabalhar ainda mais para garantir que a balança do poder continue a pender para o seu lado. Com isso, acaba cada vez mais perdido no labirinto que é, ao mesmo tempo, o seu trabalho e o seu refúgio.

Se somos tão bons assim na tarefa de prover nossas famílias, talvez seja apropriado perguntar: a estamos provendo de quê? A maioria de nós diria que está tentando alcançar suas metas financeiras, ou seja, manter os filhos em escolas particulares, poupar para a velhice e coisas assim. Mas dê outra olhada e veja para onde todo esse dinheiro está indo. Quanto realmente desse dinheiro está sendo empregado para "subornar" aqueles que amamos e nós mesmos porque todos nós "merecemos" aquelas coisas? Observe o que tem a dizer sobre isso Linda Kelley, autora de *Two incomes and still broke?* (Duas fontes de renda e duros mesmo assim?):

> Nós nos recompensamos e recompensamos nossos companheiros e companheiras com compras desnecessárias por

causa da pressão e da agitação (provocada pelo trabalho) e porque achamos que *merecemos* esses bens. Compramos coisas para nossas crianças, tentando aplacar o sentimento de culpa por não podermos dedicar-lhes tempo e porque elas *merecem* essas coisas. Qual foi a última vez que você voltou de mãos vazias de uma viagem de negócios?... Essas compras movidas pela culpa também podem contagiar os membros de uma família. Um homem estressado por excesso de trabalho resolve recompensar-se comprando cada vez mais CDs. Sua mulher repara nessa coleção cada vez maior de CDs e decide que isso lhe dá o direito de encomendar pizzas toda sexta-feira à noite. Ele vê as pizzas como uma justificativa para adquirir um aparelho de CD melhor. Para ela, o novo aparelho de CD significa um sinal verde para comprar um novo carpete... Manter essas compras de "compensação" pode alimentar uma guerra fria na qual as aquisições poderiam muito bem ser rotuladas de "compras por vingança". Essa atitude de "se você merece isso, então eu mereço aquilo" é capaz de provocar mais problemas que acabem ameaçando seu casamento.

Sempre que me flagro no papel do "marido que não deixa faltar nada", procuro me lembrar de alguns conselhos sensatos dados por Suze Orman em *The 9 steps to financial freedom* (Os 9 passos para a sua liberdade financeira):

> Faça de conta por um momento de que sua casa é uma loja. Olhe ao redor e imagine-se colocando uma etiqueta de preço em cada item nessa loja. Você sabe o quanto pagou por esses objetos quando eles eram novinhos – o sofá, a geladeira, a máquina de lavar, a mesa da sala de jantar, a cômoda e o carro. Quanto acha que esses produtos valeriam agora? Coloque preços imaginários nesses itens, estimando o quanto custariam hoje se a sua vida fosse realmente uma loja.

Agora, pare para examinar aqueles itens que realmente são importantes para você, os que estão impregnados de sentido e de lembranças, aqueles que verdadeiramente tocam as cordas do seu coração. Aquelas ferramentas que seu pai queria que você guardasse depois que ele morresse. Aquela luminária engraçada que você e seu primeiro amor compraram ao se apaixonarem, naqueles dias em que pensavam que tudo era possível. Os bichinhos empalhados da sua filha pequena, todos alinhados na prateleira. Fotos de família. Uma aliança de casamento. O quadro em cima da lareira – a primeira obra de arte de verdade que você comprou... Que espécie de etiqueta de preço você colocaria nesses itens? O que você está realmente perguntando é: que espécie de etiqueta de preço você pode colocar na sua vida?

A ânsia por status

O jornal *USA Today* publicou a pesquisa batizada de Relatório Wirth, que mede a importância dada a determinadas metas por homens e por mulheres. Veja os resultados:

- "Ter uma carreira recompensadora": mais importante para os homens.
- "Alcançar sucesso financeiro": também mais importante para os homens.
- "Desenvolver relacionamentos pessoais", ou seja, amizades: mais importante para as mulheres.
- Encontrar um "sentido mais profundo na vida e uma maior espiritualidade": mais importante para as mulheres.

A lista prossegue, mas, sem dúvida, há diferenças básicas entre o que homens e mulheres desejam, admiram e lutam para conseguir. Não basta, porém, atentar para as diferenças entre os dois sexos em relação a atitudes e desejos. As mulheres, como os homens, são ambiciosas; mas, no caso delas, esse sentimento em geral é contrabalançado pela necessidade e pelo desejo de obter um equilíbrio entre o trabalho e a vida doméstica. Nós podemos aprender com elas.

Uma vez que os homens tenham experimentado em alguma medida o sucesso, logo sentem a necessidade de ir além, de fazer mais e melhor. Enquanto o homem está ascendendo na carreira, as perspectivas parecem brilhantes e promissoras. Ele precisa de mais e mais sucesso. Quer ser invejado, admirado e, talvez, até temido. A sede que não pode ser saciada é a terrível compulsão a obter uma posição mais alta e de maior prestígio no seu ambiente de trabalho.

Muitos de nós experimentamos a embriaguez provocada pela adrenalina na corrida para chegarmos ao topo. Você ainda sente isso? Se você precisa sentir a necessidade de fazer mais, de cumprir sua tarefa de forma ainda melhor e de uma maneira mais inteligente, por que, ao mesmo tempo, se sente vazio, sem um sentido firme de decisão e direção?

O comportamento do homem de destaque e o vício do trabalho

Os homens que lutam para chegar ao topo estão condenados a se tornar workaholics. Essa é uma arena, um campo de batalha, em que as horas passadas em casa não contam. Homens não se recompensam entre si por serem pais fantásticos. Até bem pouco tempo, nem existia a licença-paternidade. Os homens que se destacam são aqueles que dão o melhor de si profissionalmente e que tiram o melhor da sua equipe. No escritório, eles examinam atentamente o comportamento de cada homem naquele ambiente, assim como sua respectiva carga de trabalho.

A única maneira de você se transformar num homem de destaque é superar os rivais por meio de seu desempenho, trabalhar mais duro, por mais horas, e produzir mais. É uma competição, é um esporte e é desumano.

Será que essa necessidade colossal de ascender o deixa sem apoio emocional?

Uma vez que tenha provado o sabor do status, é difícil fazer meia-volta. O dinheiro e o status tornam tudo tão claro. Sabemos o quanto custa um Mercedes e sabemos que outras pessoas sabem. Símbolos de um alto padrão de vida tornam-se uma espécie de código para nossa auto-estima. Basta olhar para a marca do meu carro para saber o quanto eu valho. Fim de papo. Nada mais na nossa vida ou nas relações que mantemos com a família, os amigos e os filhos funciona de acordo com uma aritmética tão simples. Relacionamentos de verdade com pessoas de verdade são complicados, confusos, e costumam fugir ao nosso controle. Dependem de concessões, são cheios de situações toma-lá-dá-cá. Nós nos agarramos ao status porque ele não nos exige nada. Enquanto conseguirmos pagar aquele Mercedes, ele não nos pedirá nada além disso.

Felizmente, por significar uma tentação, a necessidade de status pode ser administrada com mais facilidade do que muitas outras; afinal, por mais que o mundo exterior nos pressione a ser bem-sucedidos, a maior parte dessa pressão vem de dentro de nós. Somos capazes de identificar nossos desejos por bens materiais e de lutar contra eles, especialmente quando aprendemos a encontrar novas maneiras de nos avaliar e valorizar.

A tentação vinte e quatro horas, sete dias por semana

É fácil pôr a culpa de tudo na maneira como nossos locais de trabalho funcionam hoje em dia. Quando penso em quanto o meu pai trabalhava, toda a sua atividade parece ridiculamente pequena comparada ao que as pessoas precisam produzir atualmente. Os executivos de hoje têm todos os motivos do mundo para temerem a competição porque, em algum lugar lá fora, há sempre alguém disposto a trabalhar melhor, mais rápido e por um preço menor. E aí, como reagir? Acelerando o ritmo.

Muitas vezes temos razão de culpar o trabalho por nos fazer dar ainda mais duro e por mais tempo. Mas estamos respondendo a essas exigências de uma forma honesta ou estamos, ao contrário, usando as pressões inevitáveis desse enorme escritório global aberto vinte e quatro horas por dia para nos esconder? Essa é a questão a encarar de modo consciente quando nos vemos diante das pressões do trabalho e quando elas ameaçam se tornar uma das "tentações" que nos arrastam para a dependência. Reagimos àquela ligação telefônica com um frenesi porque era realmente urgente ou porque queríamos que fosse urgente? Lembro-me da época em que o fax ainda era o meio de comunicação mais rápido. Em seguida, criou-se o FedEx, uma maneira incrível de fazer algo parecer mais urgente do que era na realidade. Depois, surgiram o e-mail e a Internet, removendo a última desculpa que tínhamos para não fazer alguma coisa *neste exato minuto!* Mas quantas vezes não recebemos o tal e-mail ou fax ou encomenda pelo FedEx e compreendemos que aquilo, afinal, podia muito bem ter esperado mais um pouco? Essa correspondência teria sobrevivido aos três dias que o correio levaria para fazer a entrega. Ao contrário do que gostamos de acreditar, a maior parte do trabalho que realizamos não é tão importante nem é tão vital.

Em seu ensaio *Acelerado – A velocidade da vida moderna*, sobre o nosso cada vez mais intenso caso de amor com a velocidade, James Gleick, jornalista especializado em temas científicos, dedica sua atenção ao modo como esse fenômeno se manifesta no trabalho:

> Em uma época em que havia menos conexões, qualquer acordo de negócios baseado numa troca de documentos se desenvolvia num ritmo ditado pelos correios – dois, quatro, seis ou mais dias entre o ir-e-vir de um papel. Surgiram, então, o correio universal vinte e quatro

horas e suas crias típicas da era industrial – no jargão da Federal Express, "carga expressa", "entrega *just-in-time*", "transporte *premium* de alta velocidade" e a "automatização e dinamização da linha de suprimentos". A Federal Express vendia seus serviços naquelas situações em que "absolutamente, impreterivelmente, a encomenda precisa estar no seu destino na manhã seguinte". Na era pré-FedEx, quando a coisa não podia "absolutamente, impreterivelmente" estar lá na manhã seguinte, raramente isso era necessário. Agora que isso é possível, sempre é necessário.

Como muitos de nós, mantenho na minha mesa uma caixa de entrada de documentos e uma de saída. Por longos períodos, às vezes semanas a fio, eu não conseguia chegar ao fundo da caixa de entrada. Ao término de cada dia, prometia a mim mesmo atingir o fim da pilha e me recriminava quando não conseguia fazer isso. Quando eu finalmente conseguia limpar a bandeja, descobria que praticamente noventa e nove por cento dos memorandos, recados, recortes de jornais e revistas não serviam para absolutamente nada – não tinham nenhuma relação com o que era importante, sua utilidade era nenhuma.

Não vou negar que havia um ou dois papéis que eu deveria ter lido semanas antes e tomado alguma providência a respeito, mas e daí? Se eu não tivesse levado tão a sério a caixa de entrada, fazendo com que ela assumisse uma dimensão exagerada na minha vida, isso poderia ter sido até engraçado.

Não importa o quanto eu esteja comprometido em romper com velhos hábitos: na hora de apressar o fechamento de um negócio ou dar o remate final num acordo que vem se arrastando, ainda me pego usando o fax ou o e-mail com maior freqüência, porque hoje raramente conseguimos fazer com que alguém atenda um telefonema na mesma hora. E, é claro, eu preciso de uma resposta "na mesma hora".

Obviamente eu não necessito daquilo naquele exato minuto, assim como você também não – exceto se estivermos no comando de uma cirurgia de transplante de coração. Precisamos recuperar algum distanciamento para voltarmos a distinguir o que é urgente daquilo que pode esperar.

E temos que admitir que apreciamos um pouco a sensação de importância que toda essa ânsia de pressa e urgência nos dá. É outra confirmação de que somos importantes, de que estamos envolvidos com questões vitais. Como escreve James Gleick em seu referido ensaio:

> Nós nos queixamos do excesso de informação. No entanto, mesmo assim, o valorizamos. Não estamos cancelando nossos endereços eletrônicos. Ao contrário, estamos comprando palmtops, computadores de bolso e modems para celular com minúsculas telas de recado para nos assegurarmos de que podemos nos conectar, mesmo numa praia ou no topo de uma montanha... O economista Herbert Stein, observando de perto as novas hordas de homens e mulheres que desfilam pelas calçadas com celulares grudados aos ouvidos e bocas, chegou à conclusão de que nossa ânsia por informação é um instinto tão primitivo como o de qualquer animal: "É uma maneira de manter contato com alguém, qualquer um, que vai nos assegurar que não estamos sozinhos. Você pode pensar que está somente checando sua carteira de ações, mas lá no fundo você está checando sua existência."

Perfeccionismo: quando somos nosso pior inimigo

Nada que eu faça é bom o bastante. Já perdi a conta de quantas vezes pensei assim a meu respeito ou de quantos workaholics que conheci já se sentiram da mesma forma. Nós que somos vítimas desse sentimento não precisamos de nenhum chefe ou patrão para nos estimular. Nosso próprio perfeccionismo desempenha o papel tanto do porrete quanto da cenoura. Quantas vezes você já reescreveu uma proposta ou uma carta porque "poderia ficar melhor"? Quantas vezes já terminou uma tarefa e imediatamente começou a se criticar por ter feito um trabalho medíocre? E, então, é claro, você promete que fará melhor na próxima vez, que seu próximo negócio será um marco ou que a próxima venda quebrará um recorde.

Essa tentação é perigosa justamente porque é difícil reconhecê-la. Afinal, a condição para realizarmos as tarefas, mesmo no nível mais básico, é sermos capazes de avaliar nosso próprio trabalho. A ironia está no fato de que o perfeccionismo distorce nosso julgamento. Quando somos presas dessa atitude, ficamos convencidos de que, se não fizermos um trabalho perfeito, seremos desmascarados como fraudes ou, então, repreendidos e mandados de volta para a última fileira. Mas quem está nos observando tão atentamente? A resposta, geralmente, é: ninguém. Nós somos os únicos a nos observar por um prisma tão hostil.

O perfeccionismo encoraja o workaholic a trabalhar ainda mais – a buscar algo que é ao mesmo tempo ilusório e normalmente inatingível. Um trabalho bem-feito nunca é bom o suficiente para o perfeccionista. Tudo pode ficar ainda melhor. Essa é a sua crença, mas é um mito.

Precisamos aprender a aceitar um trabalho bem-feito, a admitir a primeira versão de um texto, a não analisar exageradamente balanços e relatórios, financeiros ou não. Faça um pacto consigo mesmo para tratar-se de forma menos rigorosa. Quantas vezes você já consolou um amigo ou filho com a frase: "Vamos lá, ninguém é perfeito"? Será que não é hora de você ouvir seu próprio conselho?

Lembre-se, nada – a não ser o que encontramos na natureza – é "perfeito". Tenho dado mais atenção aos elogios feitos por outras pessoas – seja em relação ao meu trabalho, seja em relação a assuntos pessoais – e tenho me preocupado menos com minhas próprias expectativas.

O homem invisível

Quando você se torna aquele que se esconde – tanto em casa quanto no escritório, causando mal-entendidos e magoando membros da família e colegas de trabalho –, está quase chegando ao fundo do poço. Você começa a sentir-se vítima das exigências do trabalho e da família. Já não tem mais o que dar a quem quer que seja – e certamente nem a si mesmo.

Sua saúde dá sinais de debilidade. Você pode começar a beber ou a se envolver com drogas. Qualquer coisa serve para mascarar a dor desse seu exílio auto-imposto. Antes, o próprio trabalho bastava como uma anestesia; agora, porém, não serve mais.

O que preenche os dias e as noites de um homem que bateu em retirada e está se escondendo?

- Distanciamento e penúria emocionais.
- Depressão.
- Inexistência de amizades.
- Luta contra o fantasma da culpa.
- Comportamentos autodestrutivos.
- Alimentação em excesso.
- Alimentação insuficiente.
- Embriaguez.
- Uso de drogas.
- Disposição para brigas e discussões.
- Apatia e ausência de desejo sexual.
- Falta de interação pessoal.
- Distância em relação aos membros mais próximos da família – afastamento geral.
- Raiva indiscriminada.
- Sensação de impotência.

Esses são verdadeiros sinais de perigo – não seria exagerado dizer que todos eles podem conduzir à morte prematura. Se você exibir seis ou sete desses comportamentos de forma constante e por um período considerável de tempo, é bastante provável que esteja perto de chegar "ao fundo".

É possível que alguém leia essas reflexões sobre as tentações que descrevi anteriormente e tenha idéias sobre como escapar da armadilha representada por algumas das atitudes mais comuns daquela lista. Há quem possa ver os fatores que desencadeiam o processo como parte do seu passado e, ao mesmo tempo, descobrir que seus problemas atuais se encontram num estágio além daquele ponto. Não é mais o fax, nem o chefe, nem a pressão para ter sucesso, nem a ânsia por status. É tudo. *Tudo* é difícil; nada mais faz sentido. Eu cheguei a esse ponto, no qual até uma ação tão simples como me vestir era quase impossível. Simplesmente cuidar de mim já parecia ser um tipo de trabalho. Foi quando comecei a me sentir invisível.

CAPÍTULO 4

O HOMEM INVISÍVEL APRESENTA O SEU NÚMERO DE DESAPARECIMENTO

Dê uma olhada no início deste livro, na parte em que reproduzi a letra da canção *Cama de gato*, de Harry Chapin. Talvez você tenha folheado rapidamente aquelas páginas sem prestar atenção nos versos. Talvez tenha lido a letra e se lembrado da época, os anos 1970, em que essa música tocava sem parar nas emissoras de rádio. Como todas as modas, cortes de cabelo, livros e canções daquela década, que podem ter parecido fantásticos naqueles dias, talvez hoje ela pareça um lugar-comum. Se a canção é nova para você, talvez tenha pensado: "Bem, na época achavam que essas palavras eram profundas, mas hoje são irrelevantes." Eu sei que, ao ouvir essa canção pela primeira vez, pensei: "Nunca vou deixar que isso aconteça comigo e com meus filhos." E como poderia, tendo em vista como me sentia em relação à atitude do meu pai diante do trabalho? Mas aconteceu. E não porque eu passivamente tenha permitido. Aconteceu porque me deixei seduzir, alegremente e por vontade própria, pelo meu narcisismo em relação ao trabalho. Eu me transformei num clichê ambulante: o grande pai que não deixa faltar nada e que nunca está presente. O homem invisível.

Eu tinha, é claro, uma excelente desculpa no início. Com a decisão de Wendy de permanecer em casa após o nascimento de nosso primeiro filho, eu era o único a ganhar dinheiro para sustentar a família. Havia a hipoteca, os gastos com o bebê, além da poupança para o futuro de Michael. Assim, Wendy e eu começamos nosso novo negócio, que, como todo novo empreendimento, exigia atenção vinte e quatro horas por dia e sete dias por semana. De bom grado e com toda a animação, mergulhei nele para fazer com que decolasse, chegasse à estratosfera e jamais perdesse altitude.

Enquanto isso, como já mencionei, Wendy estava cuidando de todas as tarefas da casa no seu segundo turno de trabalho. Nos fins de semana, eu tentava ajudar, mas ela estava tão habituada a fazer praticamente tudo sozinha, que passava o sábado e o domingo com o mesmo impulso que a tinha animado durante a semana inteira de trabalho. Lavava as roupas, cozinhava, vestia as crianças – eu ficava mais do que feliz em deixar tudo nas mãos dela.

Uma distância cada vez maior

Em *Kidding ourselves: breadwinning, babies and bargaining power* (Enganando a nós mesmos: o pão de cada dia, as crianças e o poder de barganha), Rhona Mahony, uma advogada especializada em ajudar mulheres a negociar uma divisão de trabalho mais justa, discute os motivos pelos quais tão freqüentemente as mulheres ficam com a parte mais pesada do fardo de cuidar dos filhos, mesmo quando elas fazem um esforço consciente para encorajar os maridos a assumirem uma porção justa desse trabalho.

Mahony argumenta que um desafio é o fato de as mulheres terem uma vantagem de nove meses no que se refere à ligação emocional com os filhos. Por mais animado que eu estivesse com a idéia de ser pai, não carregava dentro de mim um feto que se revirava e dava chutes para me lembrar da sua presença. Por razões naturais, Wendy estabeleceu desde o início um vínculo emocional mais forte com nossos filhos. E ela, muito antes de mim, concretizou essa ligação em termos de cuidados práticos e conhecimento sobre a arte de cuidar de crianças. Não importa o que eu fizesse, Wendy podia fazer melhor. Mahony menciona um casal cujas experiências são bastante semelhantes às nossas:

Jack adorava seu bebê, mas não trazia no seu íntimo os meses de esforços e desconforto – a gravidez – que conferiam aos sentimentos de Alice um sentido de urgência. Cinco segundos ouvindo o choro do bebê a fariam ir até o quarto dele para verificar sua fralda... Alice não recorreu à única coisa que poderia fazer com que Jack se equiparasse a ela em termos de sua ligação emocional com o bebê: deixar que ele ficasse sozinho com a criança – completamente responsável por ela – por um certo tempo. Ela não tinha a menor intenção de fazer isso porque, no seu entendimento, era óbvio que homens, no que diz respeito a cuidar de bebês, eram absolutamente imprestáveis. Eles não deveriam nem tentar. Jack também acreditava nisso. Assim, a habilidade – e a falta de habilidade – de ambos em relação aos bebês, suas atitudes e planos se completavam perfeitamente.

No entanto, certa vez, quando Alice estava falando ao telefone, Jack seguiu um impulso e trocou a fralda do filho. Ele a dobrou de um modo um tanto desajeitado, porém funcional, polvilhou talco no bebê e pôs a fralda no cesto de roupa suja. O bebê emitiu um barulho de aprovação para o pai.

"Não é tão difícil", pensou Jack.

Ao largar o telefone e se aproximar da mesa de trocar fraldas, Alice deu um grito. Parecia que tinha havido uma explosão numa fábrica de talco. A tampa do cesto fora jogada longe. Animado por sua curiosidade natural, o bebê estava engatinhando na direção do cesto.

Alice disse a Jack que ele era um idiota, um desleixado, que a criança estava prestes a se afundar num monte de fraldas sujas, que ele desperdiçara quase todo o talco e que, da próxima vez que ele tivesse alguma idéia brilhante, faria um grande favor a ela se se retirasse para algum lugar bem longe de casa.

Jack não gostou. A primeira experiência ainda incipiente, os primeiros indícios de autoconfiança, a delicada percepção de que cuidar de um bebê com as próprias mãos era uma atividade que oferecia prazeres e recompensas – tudo isso subitamente foi congelado sob uma avalanche. Jack nunca mais se ofereceu para cuidar de nenhum de seus bebês – trocar suas fraldas, vesti-los, alimentá-los ou dar-lhes banho. Ele não fazia a menor idéia de que Jamie era alérgica a lã, de quem era o melhor amigo da babá de Sally ou de como preparar ovos mexidos de um modo que Paula se dignasse a comer. Ter sucesso ao cuidar de uma criança equivale a dominar dois milhões de detalhes multiplicados pelo número de filhos, mais os resultados da interação de todas as combinações possíveis entre crianças. Jack nem sequer desconfiava da existência dessa equação.

Minha vida como pai era igualzinha à de Jack. Aparentemente, Wendy se encarregava de cuidar das crianças quase sem esforço, parecia saber exatamente o que fazer. (É claro que eu não estava por perto durante as incontáveis horas que ela passou cometendo erros, inventando soluções, praticando até acertar e, de um modo geral, investindo o tempo necessário para aprender o atordoante número de tarefas relacionadas ao ato de tomar conta de bebês e crianças.) Eu presenciava tudo como um zumbi, e, às vezes, Wendy se exasperava quando eu tentava ajudar. Outras vezes, sentava-me para tentar ler o jornal e ela anunciava que tais e tais coisas tinham que ser feitas já. Imediatamente eu me punha em ação, mas acabava sendo criticado por ter feito tudo de modo descuidado. Essa atitude parecia um convite para que eu batesse em retirada.

Eu não compreendia até que ponto estávamos repetindo e aumentando a tradicional distância que separa os homens das mulheres no que diz respeito a cuidar dos filhos. Uma parte de mim se submetia ao mito de que as mães são naturalmente mais inclinadas a essa tarefa, idéia na qual hoje em dia não acredito. Adorava ficar admirando Wendy às voltas com seu papel de mãe, que ela desempenhava de modo tão fantasticamente eficiente. Cada movimento seu parecia incrivelmente natural. Em comparação, eu me sentia desajeitado e incompetente. Nunca me sentia assim no trabalho.

Ficava em parte aliviado por não ter de lidar com aquela montanha de fraldas, com a rotina entediante de enfiar uma colher de comida na boca de um bebê ou com a tarefa monótona de fazê-lo arrotar após as refeições. É difícil admitir, mas há realmente muitas atividades relacionadas a cuidar de bebês que são pura e simplesmente tediosas. Trocar e trocar suas fraldas. Limpar e limpar as papinhas derramadas por toda parte. Quem quer se entediar? Ao fim de um dia de trabalho duro no escritório, eu tinha alguma coisa para mostrar como fruto do meu esforço. Ao fim de um dia com um bebê, só tínhamos para mostrar uma lata de lixo entupida de fraldas e um cesto abarrotado de roupas sujas. Sou um sujeito voltado para a obtenção de resultados, e cuidar de crianças não é algo que dê um retorno imediato.

Parte de mim sentia-se contente por eu ter uma desculpa razoável para relaxar quando chegava em casa. Era dominado por um ressentimento crescente por não ter tempo para mim. Cada minuto, era essa minha impressão, já estava comprometido. Não havia um momento em que alguém não me pedisse algo. Honestamente, nunca me ocorreu que Wendy também sentisse necessidade de ter algum tempo para si mesma, porque eu acreditava que ela adorava o que fazia. Acho que acabamos incorrendo nesse tipo de racionalização com muita facilidade.

Quando Michael nasceu, eu me ressenti de toda a atenção que ele exigia e obtinha. Uma das razões pelas quais homens vítimas da dependência em relação ao trabalho têm problemas conjugais com tanta freqüência é o fato de que eles permitem que suas mulheres fiquem tão envolvidas com os filhos ao ponto de excluírem os maridos desse relacionamento – e, muitas vezes, até os encorajam nesse sentido. Há uma pequena dança paralela acontecendo e ninguém lhe ensina os passos para que você possa participar. Você não está acessível, nem à sua mulher, nem às crianças, então ela se torna mais próxima dos filhos. E você vai ficando cada vez mais afastado. Tem início um círculo vicioso de sentimentos negativos. Comparando-me aos meninos, comecei a me sentir um cidadão de segunda classe. Dizia a mim mesmo que só me restavam as migalhas na mesa – em termos emocionais e em outros planos também –, enquanto eles ficavam com o melhor de Wendy. O fato de me convencer disso facilitou o meu progressivo distanciamento de todos.

Não acho que eu tenha chegado realmente a articular esse pensamento assim, mas sentia que tinha direito a algo. Por que eu não teria tempo para relaxar, uma vez que estava trabalhando tanto? Inconscientemente, deixava-me levar pela idéia de que o meu trabalho é que era trabalho *de verdade* (o que rendia o contracheque), enquanto os esforços de Wendy, ainda que consideráveis, não eram do tipo que a fizessem merecer o privilégio de sentar-se com um jornal e um drinque. Ela, na realidade, estava trabalhando muito mais que eu, tinha muito menos horas de sono e não recebia praticamente nenhum reconhecimento por isso. Mas era eu quem ganhava o pão com o suor do rosto, e merecia algum descanso em troca.

Hoje compreendo que eu próprio estava me enganando, e nesse processo perdi a chance de vivenciar muitas coisas boas. Não quero convencer ninguém de que encontraria o nirvana num monte de fraldas sujas, mas desperdicei muitas oportunidades. Eu adoro meus filhos; contudo, quando eram pequenos, não estabeleci com eles os vínculos que deveria ter construído. Na verdade, todos os detalhes da monótona rotina ao seu redor representavam oportunidades que eu tinha para conhecê-los, para partilhar com eles seus risinhos, sorrisos e histórias.

Inconscientemente, eu estava comparando a satisfação que a vida em casa me proporcionava com a da minha vida no trabalho – era como jogar com dados viciados. A verdadeira alegria não é resultado da comparação entre essas duas vivências. É uma idiotice esperar que cuidar de crianças dê o mesmo tipo de prazer oferecido por um jantar e drinques com um cliente. As recompensas de ser pai, enormes e ricas como são, não podem ser parceladas na sua agenda. O investimento de tempo necessário para construir uma relação com seus filhos revela seus frutos de uma maneira completamente imprevisível. Não faz sentido querer compará-lo com o campo de ação do trabalho, com sua dinâmica voltada para a apresentação de resultados – ali os contracheques chegam pontualmente, seus colegas em geral se comportam de modo previsível (ou pelo menos não choram de maneira desesperada e sabem controlar os próprios intestinos) e você costuma saber o que está fazendo.

Diga tchau para o papai

Um dos preços que paguei por "não estar lá" foi ter perdido momentos importantes durante o crescimento dos meninos. Prometi que organizaria um livro com todas as coisas engraçadas ou inteligentes que meus filhos dissessem quando fossem bem pequenos. O livro está em branco. Não há sequer uma anotação nele. Como poderia haver citações, notas ou lembranças registradas se eu não estava lá?

Uma parte de mim sabia que eu estava perdendo uma porção daqueles momentos marcantes – os primeiros passos, as primeiras palavras e todos os outros "primeiros". Mas, enquanto eu dirigia de volta para casa, na maioria das vezes começava a imaginar as solicitações que me seriam lançadas no segundo em que eu cruzasse a porta de entrada – todas elas expressas através de choros, gritos, reclamações –, e meu estômago se contrairia de medo (por que nós jogamos problemas uns sobre os outros assim que chegamos em casa, em vez de darmos boas notícias?). Era um alívio escapar àquela hora fatal, àquele momento terrível de desintegração que todos os pais conhecem. As crianças estão felizes à tarde, mas, à medida que se aproxima a hora do jantar, o bebê, superexcitado, cansado e irritado, começa a choramingar, e por vezes chora por horas a fio. As crianças pequenas começam a se queixar e também caem pelas tabelas. A casa é tomada por um completo caos. Às vezes, eu me pegava mantendo distância de propósito, inventando trabalho extra no escritório só para chegar em casa cada vez mais tarde.

Se os garotos já estivessem dormindo quando eu chegasse, eu exprimiria as lamentações de praxe: "Puxa, perdi de novo a hora de ler as histórias para as crianças." Mas, para falar a verdade, às vezes era muito mais fácil chegar em casa quando a bagunça já estava arrumada e os meninos deitados na cama; assim, meu único trabalho era a tarefa leve e divertida de afagá-los e dar-lhes um beijo de boa-noite. Eu era Papai, o Cavaleiro Branco, chegando para contar uma história engraçada e dar um abraço, pairando muito acima dos nervos em frangalhos e das explosões de impaciência que teriam ocorrido nas horas precedentes.

É claro que, ao chegar, eu lhes perguntava como havia sido o seu dia, o que acontecera na escola. E não é que eu não escutasse com interesse o que eles diziam, sinceramente me importava. Mas não o suficiente para perceber que continuava a passar ao largo da vida deles.

Desde o começo, Michael e Ross se deram bem, e Michael logo convocou Ross a participar do seu próprio mundo. Se Ross não conseguia fazer algo, Michael simplesmente tomava a iniciativa de ensinar-lhe – e eu não fazia a menor idéia dos milagres que ele vinha conseguindo. Na época em que Ross devia ter uns dois anos, certa noite ele veio até mim carregando um livro. Entendi que ele queria que eu lesse para ele. Michael, com ajuda de Wendy, havia lhe ensinado a ler! Fiquei perplexo. É óbvio que são necessárias semanas, meses para aprender a ler. Eu tinha estado tão ausente que ignorava completamente o que

Ross estava prestes a conseguir fazer. Michael também lhe ensinou um pouco de matemática quando ele ainda era bem pequeno. "Michael ensinou Ross a jogar xadrez? Não dá para acreditar. Ele tem só três anos. Como um garoto de três anos pode aprender as coisas assim, tão rapidamente?"

Certamente, nem sempre temos apenas boas notícias em casa. Os acontecimentos positivos em geral vêm misturados às informações de rotina. Portanto, nenhum aviso pisca na tela do seu computador avisando: "Vá para casa já! Sua filha de um ano e um mês aprendeu a andar, ou a falar, ou a ler, ou a dançar, ou a tocar um instrumento..."

Nem é preciso dizer, Wendy era quem comparecia a todas as reuniões da escola. Ela voltava com relatórios superpositivos que, é claro, me deixavam muito feliz, mas mesmo assim havia uma visão maior, de conjunto, que continuava a me escapar. "Você não sabe o que está perdendo", ela me dizia. "Você ficaria tão orgulhoso dos seus filhos se pudesse ouvir os professores falando sobre eles. Faria muito bem a você saber por meio de outra pessoa o quanto eles são admirados e como estão se saindo bem."

Tentei comparecer pelo menos a algumas das peças de teatro da escola e a alguns outros eventos, mas nunca consegui dar a essas atividades cem por cento da minha atenção. Minha mente iria inevitavelmente gravitar até o escritório e seus problemas. "A que horas vai acabar esse negócio para eu voltar ao trabalho?" Lá estavam os garotos cantando músicas de Natal ou apresentando projetos para a feirinha de ciências, e eu sem conseguir parar de olhar para o relógio. Tenho até vergonha de admitir que algumas poucas vezes fiz Wendy ir num carro separado para que eu pudesse voltar mais rapidamente. Como se eu fosse alguém tão importante que não pudesse me dar o luxo de desperdiçar os dez minutos que levamos batendo papo com outros pais enquanto as crianças arrumam suas coisas.

Quantos de nós estão ausentes nos momentos-chave – aquelas ocasiões que tornam nossa vida mais rica para além de qualquer medida? É preciso estar presente, literalmente, fisicamente e emocionalmente, para poder desfrutar as experiências mais gratificantes que os pais podem ter. Nós passamos a perna em nós mesmos ao nos privarmos desses momentos que, é claro, jamais poderão ser repetidos – vídeos caseiros não são a mesma coisa.

A família rapidamente se adaptou à minha condição de papai invisível. Suas rotinas corriam em trilhos sólidos. Os três se transformaram numa máquina bem-azeitada, e eu me tornei a inevitável peça solta que fazia a engrenagem sofrer um tranco. Aproximava-me quando eles estavam entretidos com algum jogo — e logo descobria que todos ficavam incomodados por terem de parar a brincadeira, me explicar as regras, corrigir meus erros e refazer tudo. Wendy sempre deixava que eu me aproximasse, lesse, brincasse a qualquer hora que eu quisesse. Mas, mesmo assim, comecei a me sentir um intruso.

Às vezes, eu chegava em casa no momento em que Wendy estava ocupada pondo-os para dormir. Todo pai sabe da importância de estabelecer uma rotina noturna para os filhos. Precisamos nos certificar de que estão limpos, com suas roupas de dormir e com os dentes escovados. Você os acalma lendo um livro ou cantando algumas músicas. Eles estão praticamente dormindo, absolutamente relaxados. Então, chega o papai e a rotina de repente é interrompida. Os garotos despertam e saem da cama animados, esquecem o cansaço, e é necessário fazer tudo de novo para que eles voltem para a cama. E isso no fim de um dia exaustivo para Wendy, quando ela estava prestes a ter alguns poucos momentos só para ela. Eu me sentia como o intruso que estragava a noite da família.

Todos nós assumimos dinâmicas e pressupostos que nem chegam a ser articulados e expressos através da fala. "Eles estão com a mãe, deve estar tudo bem." No começo, eu deixava para Wendy todo o esforço associado às crianças porque partia do pressuposto de que ela seria sempre mais competente do que eu. Com o tempo, isso acabou se transformando numa espécie de regra: falamos dos pais, porém esse papel, na verdade, é a mãe que desempenha. É com ela que temos que falar quando se trata de algo realmente importante. É claro que isso só servia para perpetuar a idéia de que eu era uma espécie de "quinta roda"; eles não precisavam de mim para se divertir. As crianças aceitaram o seu papel. Se for algo realmente importante, mamãe vai cuidar disso. Se você quer brincar um pouco no colo e fazer algumas palhaçadas, procure o papai. Eu adorava o tempo que passava com os garotos, mas sempre me sentia dividido pela pressão – auto-imposta – para voltar logo ao trabalho. E, quando tomava a decisão de me dedicar inteiramente à minha família num fim de semana, sentia como se estivesse fazendo um grande sacrifício em vez de simplesmente desfrutar aqueles dias livres.

O fato de na maior parte do tempo eu não estar presente na vida dos meus filhos nunca me impediu de emitir decisões de cima para baixo. Minha tendência é sempre encontrar soluções. Quando era necessário tomar uma decisão, fosse em relação à escola ou a questões do dia-a-dia, eu era sempre o que aparecia com uma resposta imediata, invariavelmente anunciada com grande convicção, ignorando impavidamente toda a dinâmica sutil de relações que envolve qualquer decisão honesta dentro de uma família. Isso minava repetidamente a autoridade de Wendy, além de não ter ensinado nada às crianças sobre o processo de se avaliar os fatos de maneira ponderada.

Nesse aspecto, realmente desperdicei uma oportunidade. Criar e educar crianças é basicamente aprender a ter paciência. No escritório, eu me orgulhava de ser um bom ouvinte. Apreciava a idéia de ser considerado uma pessoa equilibrada. Mas, na verdade, nunca aprendi a ouvir os meus filhos, a ser paciente com eles, e acho que isso de alguma forma marcou suas vidas e a minha.

O marido invisível

Durante toda a época em que nossos filhos eram pequenos, Wendy segurou a barra, trabalhando um turno depois do outro. Exausta, mas sinceramente feliz com sua dedicação aos meninos, ela sem querer permitiu que eu sumisse cada vez mais no meu número de desaparecimento.

Se Wendy me repreendia por eu não estar fazendo alguma coisa em casa tão bem como poderia, eu dizia a mim mesmo que ela estava passando dos limites, que não me compreendia. Ela se esforçava para tentar me incluir na vida dos nossos filhos, mas nós investimos muito pouco no fortalecimento da nossa própria relação. Wendy deveria ter contado com mais apoio da minha parte. Ela merecia alguém com quem compartilhar o que havia de bom e de ruim. Mas ela não tinha como fazer isso, nem mesmo através de uma simples conversa.

Quando eu me arrastava do trabalho para casa, já não havia dentro de mim quase nada para Wendy. Dirigia-lhe algumas frases banais, o que não era suficiente para alimentar um casamento. É preciso reconhecer que ela nunca parou de tentar fazer com que eu me abrisse. Por que minha atenção e energia pareciam sempre estar voltadas para outra parte? Por que eu não poderia estar mais presente para ela e as crianças? Minha primeira reação era sempre ficar totalmente na defensiva, pôr a culpa nela, na situação. Tentei dizer-lhe até que ponto me sentia sobrecarregado. Wendy costumava oferecer seu apoio, mas eu não lhe dava nenhuma chance: "Não, vai levar mais tempo para eu explicar isso a você do que para resolver sozinho." Achava que ela estava tentando me controlar, mas, na verdade, o problema todo era o meu complexo de Deus. Eu me considerava tão importante, que ninguém, a não ser eu, poderia resolver meus problemas. Não deixava que Wendy sequer participasse deles.

Mulheres cujos maridos são workaholics perdem a oportunidade de construir uma família junto com seus parceiros. Elas fazem o que conseguem e, nesse meio-tempo, tornam-se insatisfeitas com tudo. Wendy e eu vivíamos numa casa que não funcionava como um abrigo, um refúgio em relação ao trabalho. Ironicamente, nós é que havíamos ajudado a construir aquele ambiente hostil. A maioria das mulheres não gosta da idéia de ter que ir trabalhar, voltar para casa e trabalhar de novo. Os homens também não. Mas podemos esticar nossas horas de trabalho, voltar para casa tarde e ter desculpas sempre à mão – em parte porque a sociedade nos protege e em parte porque sabemos como manipular essas situações.

Isto é verdade: houve um ano em que minha mulher e eu acabamos nos esquecendo do nosso aniversário de casamento. Se não tivéssemos recebido um cartão da irmã dela, teríamos deixado a data passar em branco. Nós dois fomos nos distanciando por uma série de razões. Como pudemos nos perder de vista? As coisas não haviam sido sempre assim.

Nossas companheiras agüentam um fardo por trilharmos esse caminho singular. Wendy tinha que se submeter a um homem frio e sem emoções quando ansiava por um marido e amante com quem pudesse se comunicar. Ela também se recolheu. Distante de mim, começou a limitar-se às qualidades necessárias de mãe, motivadora e administradora eficiente do lar, deixando de lado os papéis de esposa e companheira. Ela sofria em silêncio porque, mesmo que tivesse me falado sobre suas necessidades e eu a tivesse compreendido racionalmente, era o meu lado emocional que precisava reagir e refletir.

Perdida nesse deserto de indiferença, Wendy foi obrigada não somente a assumir o papel dos dois pais, mas também a encarnar a figura da mãe perfeccionista, o que a levava a sentir-se mais crítica e mais controladora. Ela buscava algum conforto e apoio nas crianças. Confrontada seguidamente com um marido que a havia abandonado emocionalmente – a ela e à família –, começou a ver abalada sua própria auto-estima.

No escritório é mais seguro

Nossa casa é quase sempre um caos porque assim é a vida real. Crianças não seguem padrões lineares de comportamento. Elas são muitas vezes seres humanos irracionais. Homens adoram padrões lineares: dê-me um ponto A, e eu lhe direi como chegar até o ponto B. Se eu argumento de forma razoável a respeito de algum assunto, espero que meus filhos aceitem minha posição; quando não o fazem, fico furioso. Uma das razões pelas quais odiava voltar para casa é que lá tudo parecia estar num estado de tumulto permanente. Nunca sabia o que me aguardava. Nunca sabia quando alguém ia cair num choro convulsivo ou ficar delirantemente feliz. Em casa, podia dar o melhor dos meus esforços em determinada questão sem nenhuma garantia de que veria algum tipo de resultado. Tudo era uma bagunça, muito humano, muito real.

No trabalho está a ficção, o fato está em casa. Eu preferia a ficção.

E temos de encarar isto: no trabalho não eram apenas as regras que eram mais claras, lá era também mais estimulante intelectualmente. Quanto melhor eu ficava naquilo que fazia, mais claramente sentia fluírem meus dons criativos. Podia ler um artigo numa revista, ligar para o autor, trabalhar numa proposta de livro e desempenhar um papel importante na criação de uma obra fantástica. Podia pegar uma idéia em estado embrionário e trabalhar com o autor para fazer nascer dali uma faísca de criação. Podia vincular os projetos certos às editoras certas. Podia idealizar um acordo criativo em torno da venda de determinado livro ou filme. Podia, na verdade, ver minhas idéias assumindo formas concretas.

Fazer a vida de casa ficar à altura da vida profissional é mesmo um problema. No nosso trabalho, estamos cercados de outros adultos. Quando tudo está funcionando bem, nos sentimos felizes, estimulados, criativos. Não encontramos muita gente animada com os estímulos intelectuais decorrentes da prática de cuidar dos filhos. Na verdade, Anne Lamott, em *Operating instructions* (Instruções de uso), um diário sobre o primeiro ano de vida do seu filho, descreveu como os bebês parecem roubar alguns pontos do QI de suas mães ao deslizarem para fora do útero. Todo mundo que passou realmente algum tempo com crianças sabe que criá-las e educá-las é o maior desafio criativo que enfrentamos na vida, mas eu não pensava assim. Em geral, via apenas problemas a serem resolvidos.

E, para alguns de nós, as alegrias da vida doméstica não chegam aos pés da adrenalina pura que sentimos fluir quando trabalhamos em velocidade máxima. Alguns de nós somos viciados em adrenalina. Assim como os obcecados pelos exercícios físicos e os ratos de academia, fazemos tudo isso para alcançarmos aquele estado alterado em que nos sentimos. Fisgar o grande autor, fechar o grande contrato, essas conquistas me proporcionavam o mesmo tipo de euforia e embriaguez típicas dos viciados, uma sensação que, no lar, jamais poderia obter. Em casa, eu abraçaria um dos meus filhos e me sentiria inundado pela sensação de amá-lo tanto e pelo fato de gostar imensamente da tranqüilidade daquele momento – mas me coloque no escritório quando estou fechando o contrato dos meus sonhos e essa espécie de alvoroço que experimento acaba atropelando todos os outros sentimentos.

Quantas vezes você já atendeu um telefonema em casa em pleno fim de semana e, da boca para fora, amaldiçoou a ligação diante da sua mulher e da sua família, mas, no seu íntimo, se sentiu aliviado? Isso é algo em que somos realmente mestres! Eu me lembro de que ouvia o barulho do fax lá de casa, um número que só dávamos para os clientes mais importantes, e fingia estar chateado, mas corria até o aparelho, torcendo para que fosse algo que exigisse meu trabalho naquela hora. Aquele barulhinho me dizia o quanto eu era importante.

Então, deixei Wendy afirmar seu talento na arte de educar e criar os filhos. Eu revelaria meu talento ao garantir o sustento da família. Tinha todos os motivos razoáveis – e ao mesmo tempo nobres – para estar ausente. Dizia a mim mesmo que estar sempre disponível para os meus clientes era uma parte vital do processo de me tornar um homem de negócios. Deixei que essa disponibilidade se transformasse numa desculpa para cortar os laços com minha mulher, meus filhos e meus amigos.

Passei a ver a vida sob um único prisma. Centrei-me na minha carreira e abandonei o restante. Passei a ver os membros da minha família como fatores de distração, como invasores, pessoas com quem eu tinha de me desentender. No meu ramo de atividade não há como escapar ao trabalho de ler depois do expediente. As pilhas e pilhas de originais à nossa volta formam uma espécie de paisagem natural. Os garotos entravam para fazer uma pergunta ou me chamar para brincar e eu cortava logo o papo: "Papai tem que ler isso; não posso falar agora; não posso brincar com vocês." Nunca me ocorreu que, se determinado autor tinha levado dois ou três anos escrevendo aquele romance, não era razoável da parte dele esperar que eu lesse aquilo tudo em quarenta e oito horas. Mas eu me sentia pressionado a fazer isso; afinal, eles eram clientes importantes e eu era um agente literário importante. As pilhas de originais tornaram-se um lembrete visível na nossa casa de que o papai, apesar de estar com a família, se mantinha, em espírito, lá no escritório.

Ao me lembrar desses momentos em que meus filhos ou minha mulher solicitavam alguma atenção da minha parte, me vem como revelação a súbita compreensão de que eu considerava aquilo não um pedido por um pouco do meu amor, mas uma interrupção ou uma invasão. Será que existia alguém que não queria uma parte de mim? Não havia nada nem ninguém que eu amasse mais do que Wendy, Michael e Ross, então por que ficava tão irritado quando eles se intrometiam no meu espaço? Toda vez que eu experimentava uma intensa alegria interior ao perceber que minha família era o que realmente importava e largava o maldito original ou dispensava aquele telefonema, sentia uma sensação profunda de estar fazendo a coisa certa. Então, por que era tão fácil descambar para o mesmo erro e colocar novamente o trabalho em primeiro lugar?

Isso ocorre em grande parte num nível inconsciente. Pergunte a qualquer pai como ele se sente sobre seus filhos e seu emprego e ele responderá lembrando-se do quanto ama os primeiros e de como gostaria que seu trabalho lhe permitisse ficar mais tempo com as crianças. Mas observe como, num nível inconsciente, os pais fazem opções que acabam eliminando o tempo extra que poderiam ter para os filhos.

Se você se sente isolado é porque, inconscientemente ou de modo premeditado, optou por se isolar. Esse processo pode levar um longo tempo e ocorrer de modo tão gradual que mal chegamos a ter consciência de que está acontecendo; no entanto, fomos nós que decidimos nos distanciar do mundo. Mas quanto trabalho é realmente trabalho demais? Há algo aparentemente nobre no ato de nos atirarmos nas nossas carreiras e lhes dedicarmos quase todos os dias. Essa atitude, porém, ameaça a essência do que temos de mais humano. Essa falsa dedicação quase sempre aparece aos nossos olhos como um indício de virtude. Desse modo, os homens estão permitindo que sejam definidos cada vez mais pelo seu trabalho. Existe, afinal, alguma verdadeira recompensa que acompanhe os riscos dessa perda de identidade? Todos nós merecemos algo diferente disso. Melhor do que qualquer outra pessoa, cada um de nós parece ter um talento especial para perpetuar a própria infelicidade. E, nesse caso, a infelicidade não gosta – ou não precisa – de companhia.

O amigo desaparece

Estranhamente, muito depois de tornar "pública" nossa dedicação ao trabalho, começamos a nos recolher dentro de nós mesmos. Não temos tempo para fazer amizades nem para manter as relações com velhos amigos. Da mesma forma que o álcool e as drogas, o trabalho leva as pessoas ao isolamento.

A raiva e o ressentimento começam a se instalar. Nós mesmos podemos ter criado esse mundo completamente voltado para o trabalho, sem portas ou janelas, mas ainda assim ele faz com que nos sintamos irritados, magoados e solitários.

E há um elemento de nobreza na idéia do lobo solitário às voltas com o trabalho. Isso em alguma medida nos consola e, ao mesmo tempo, faz com que incorporemos a idéia de que não precisamos de amigos. Essa disposição para o isolamento leva à angústia, à preocupação e, mais ainda, ao impulso para evitar a família e os amigos. Temos uma tendência a nos deixar obcecar por problemas relacionados ao trabalho, centrando a maior parte das nossas energias psíquicas – senão todas elas – em questões que não criam nem alimentam nenhuma relação fora do nosso ambiente de trabalho.

Esse é um círculo que se autoperpetua. O comportamento workaholic nos torna bem menos atraentes para os outros como amigos em potencial. Nossas ações e palavras dizem: "Fique longe, evite os outros a qualquer custo."

Amigos aprendem a ser tolerantes uns com os outros. Nós, workaholics, não somos, por natureza, tolerantes. Os dependentes do trabalho não confiam em si mesmos, muito menos nos outros. Amigos costumam aceitar os defeitos dos amigos. Só aceitamos desempenho, e é bom que seja o melhor que a pessoa possa alcançar. Amigos são leais uns com os outros. Homens muito ocupados não têm tempo para pensar sobre lealdade – somos bem mais inclinados a procurar alguém em quem jogar a culpa e encontrar desculpas para não nos expormos emocionalmente.

O trabalho é nossa amante. O trabalho é nosso refúgio. O trabalho nos protege da obrigação de termos que viver uma vida plena. Ele não permite a intimidade – ele encoraja o logro e a mentira (primeiro para nós mesmos, depois para nossos amigos e membros da nossa família). O trabalho não nos deixa desenvolver relações. Mas estimula amargura, ciúmes, traições, raiva e idéias de vingança mal direcionadas: "Meu chefe me criticou por causa daquele relatório, e pensar que fiquei trabalhando naquilo o fim de semana inteiro."

Em qualquer situação, essas reações, comportamentos e vozes negativas que se erguem no nosso íntimo impedem uma relação mais estreita, desgastam as amizades e fazem com que famílias se desintegrem. Mostre-me um homem sem amigos e eu lhe mostro um homem que é um workaholic.

Um a um, fui perdendo de vista todos os meus amigos mais chegados. Aquele telefonema diário transformou-se em semanal, depois mensal, depois só acontecia após alguns meses; finalmente, nem nos dávamos mais o trabalho de ligar. Mandávamos os cartões nas ocasiões festivas, mas não havia mais nenhum contato íntimo de verdade.

Perdi a noção de quão importantes meus amigos podiam ser como interlocutores, de como podia ser divertido conversar sobre assuntos completamente diferentes daqueles que eu discutia em casa e no trabalho. As amizades deixaram de ser uma necessidade e passaram a ser um item supérfluo do qual eu podia muito bem prescindir – ou assim eu pensava.

Fervendo de raiva

Cada vez mais, comecei a buscar mais novas formas de ficar invisível – de um modo parecido como ocorre com os filhos de alcoólatras ou de viciados em drogas. Eu fugia – de todos os jeitos possíveis. Evitava confrontos, de qualquer tipo e com quem quer que fosse. E também não era uma decisão consciente. Tornei-me muito introspectivo e, em última instância, bastante egocêntrico. Com que tipo de trabalho podia me envolver que não me levasse a "ser desmascarado"? Desmascarado como o quê? Como uma fraude, como uma pessoa que não era de modo algum quem aparentava ser. Alguém capaz de fingir e disfarçar em praticamente todos os tipos de ambiente. Esconder-se ou procurar um refúgio não é apenas uma característica masculina, mas certamente é um traço comum a todos os homens que se ocultam atrás – ou dentro – do seu trabalho.

O que acontece quando damos mais atenção ao telefone do que ao som das vozes da nossa família ou dos nossos amigos é que nos desligamos da realidade. Paramos de sentir a vida como as outras pessoas a conhecem. À deriva em termos emocionais, deixamos de estabelecer ou manter relações pessoais significativas. Começamos a afrouxar os laços com aqueles com quem costumávamos compartilhar algum tipo de intimidade. Perdemos a habilidade (e, em alguns casos, o interesse) de nos comunicar com os outros num nível que não seja superficial. Não nos sentimos mais seguros quando solicitados a nos unirmos aos demais – quer se trate da nossa família, de amigos ou de colegas de trabalho. Paramos de confiar nos nossos sentimentos e na nossa intuição. Esporadicamente, podemos até emitir mensagens como "estarei aqui se me procurar"; mas, como não conseguimos nos expor e estabelecer ou manter nenhum tipo de relação de intimidade, essa prática se torna outra maneira de abandonar nossos sentimentos e aqueles com quem temos um relacionamento gratificante.

Passei a desenvolver uma rotina mal-humorada quando sentia que estava sendo excluído por Wendy e pelas crianças. Às vezes, eu literalmente me refugiava em algum canto e me deixava ficar olhando para o vazio, magoado e perplexo. Eu estava certamente desempenhando o papel de coitadinho, somente não tinha consciência de quão infantil e estúpido estava sendo.

Cultivava, então, uma raiva implacável. Sentia necessidade de ficar num estado de permanente vigilância – eu estava constantemente na defensiva. Sempre esperando por um ataque. Tentava forçar a barra para me enturmar com minha família, compreendia que, para eles, isso era uma intrusão e, assim, não conseguia me controlar. Cinco minutos depois de entrar numa sala firmemente disposto a me relacionar com as crianças, eu já estava levantando a voz e ficando alterado.

Quando meus filhos estavam numa idade na qual, obedecendo a todas as leis da psicologia, era de esperar que se mostrassem irracionais e que se opusessem aos pais, eu não considerava isso um comportamento natural para garotos do tamanho deles. Ao contrário, eu mal podia conter a raiva, muito menos ajudá-los a lidar com seus próprios acessos de fúria. No momento em que me conscientizava de que era realmente incapaz de controlá-los – como se isso fosse um objetivo nobre – ficava louco de raiva. Eles compreendiam que eu estava zangado, mas, na verdade, nunca entenderam o porquê. Nem eu, na realidade. Carregava dentro de mim uma grande carga de raiva e hostilidade difusas, não dirigidas a alguém em particular. Mas ninguém na família sabia como reagir a esse sentimento porque eles ignoravam sua causa. Meus filhos ficavam confusos. Eu estava emitindo a mais contraditória das mensagens: venham até mim, eu gosto de vocês – mas fiquem onde estão; como vivo tão ocupado, não tenho tempo para lhes dedicar.

Raiva, especialmente quando dirigida ao alvo errado, como no meu caso, é a marca do homem que "cruzou a fronteira" dessa relação doentia com o trabalho. Como assumiu compromissos demais, prometeu muito, ele se vê sobrecarregado com um enorme fardo de trabalho e de responsabilidades. Como já disse, os viciados em trabalho tendem a ser menos produtivos e menos criativos. E, ao mesmo tempo, continuam a negar o próprio problema de que são vítimas. Nós nos sentimos simultaneamente como mártires e como os que sempre estão certos e cujas respostas nunca devem ser questionadas. Trabalhei para workaholics, e eu mesmo sou um deles, ainda que em processo de recuperação. Sei como é aterrorizante viver sob os olhos inquisidores de um deles e como as pessoas devem se sentir quando são objeto de sua avaliação.

Mas ficamos furiosos com o que exatamente? Podemos descarregar esse sentimento no nosso trabalho, mas dirigimos grande parte da nossa fúria contra tudo, menos contra o trabalho. Isso acontece porque em quase todos os outros planos vigora um comportamento diferente. Para nossas mulheres e nossos filhos, não importa se somos capazes de avaliar de maneira eficiente os fundos de ações, se nos mostramos hábeis na hora de fechar acordos e se somos bons em encontrar novos clientes ou em idealizar brilhantes campanhas de marketing. Tais talentos podem nos render grandes elogios e generosos aumentos de salário, mas são, no fundo, habilidades impessoais. Não significam muito para quem simplesmente quer uma parcela do seu tempo e da sua atenção.

Dificilmente damos o devido valor à nossa família, como se eles fossem estar sempre à nossa disposição. Podemos descarregar nossa raiva mal dirigida em cima de alguém que depende de nós. Nem sonharíamos em fazer isso contra aquela pessoa (seja quem for) que realmente a provocou. Se você se descontrolar no trabalho, pode ficar sem o emprego. Se perder o controle em casa, sua família sempre o perdoará: "Papai está tão estressado por causa do trabalho. Ele precisa ter um espaço só para ele."

A espiral rumo ao fundo

Uma vez que tenhamos cruzado a fronteira dessa doença, o trabalho passa a ser a única atividade na qual nos saímos bem. E ficamos zangados se essa capacidade não é reconhecida em casa. No escritório, o que o mundo exigia de mim era que fosse racional e direto. Sabia o que tinha a fazer, e o que estava em questão era apenas a competência com a qual eu agiria. Mas o que minha família queria de mim parecia completamente aleatório e irracional. E eu estava mergulhado demais no meu trabalho para compreender que a vida, como deve ser vivida, pode mesmo ser aleatória e irracional. Esta é a essência da pobreza emocional: ser tão vazio de emoções, ser tão desprovido de sentimentos, que se torna impossível perceber a diferença entre o modo como a vida deve ser vivida e o que meramente precisa ser feito.

Quando comecei a cometer erros no trabalho, esquecendo detalhes importantes, tendo que repetir tarefas e ser relembrado de conversas que tinha tido, fiquei deprimido, irritado, e fui dominado por um sentimento de derrota. Toda essa raiva me conduziu à depressão. Não conseguia superar uma sensação de mal-estar, de me sentir um inútil. Nunca estava satisfeito com o que fazia. Comecei a admitir que havia fracassado em relação à minha família. Agora, suspeitava de que estava fracassando também no trabalho. Minha depressão de fundo emocional me levou a um estado geral de inércia, e o fracasso passou a me assombrar com persistência, como uma nuvem carregada de chuva que não saísse de cima da minha cabeça.

Foi em 1992. Enquanto estava sentado na cozinha às três horas da manhã, me convenci de que jamais poderia ser feliz. Deixara-me encurralar num beco sem saída. Havia trabalhado tanto, sido tão bem-sucedido, dera tudo que tinha e, ainda assim, me sentia absolutamente infeliz. E acreditava que o problema era meu e de mais ninguém. Subi a escada e fiz as malas. Não deixei nenhum bilhete.

Na verdade, não sabia aonde queria ir. De uma forma irracional, sabia apenas que precisava procurar um lugar para viver, me afastar de casa (justamente das pessoas que ainda se importavam comigo), encontrar algum abrigo, um lugar sem espelhos e sem lembranças. Não ajudou muito o fato de ter bebido um bocado. Fui parar num hotel, onde passei o resto da noite sentado na beira da cama, tentando dar alguma coerência aos meus pensamentos.

Passei do estágio de sentir pena de mim mesmo até o da compreensão – ao raiar do dia – de que tinha exagerado na minha reação, de que estava agindo como uma criança. Dirigi de volta para casa e, felizmente, cheguei lá antes que Wendy tivesse percebido que eu havia saído.

Foi preciso um quase colapso emocional para que eu despertasse. O caminho de volta era o caminho para casa.

CAPÍTULO 5

ACORDANDO COM A CASA EM CHAMAS

Não há pecado maior do que se deixar escravizar pelo desejo, não há maldição maior do que a insatisfação, não há maior infortúnio do que ficar implorando para si mesmo. Portanto, ao ficarmos satisfeitos, sempre teremos o suficiente.

Lao-Tsu

É tão simples, não é? Em alguma parte dentro de nós, venha do nosso cérebro, venha de algum outro lugar onde exista uma verdade emocional, sabemos que estamos nos matando. Mas como parar de estimular esse processo quando a força que nos empurra para a autodestruição é tão poderosa?

Descrevi para você o meu momento mais negro. O seu próprio "fundo do poço" pode ser completamente diferente; ou, se tiver sorte, você terá detectado o problema logo no início. Essa relação doentia com o trabalho pode ser um mal insidioso, mas tem o aspecto positivo de não vir acompanhada pela dependência física, como ocorre nos casos do alcoolismo e das drogas (ainda que seus efeitos colaterais incluam obesidade, perda de peso, abuso do álcool, promiscuidade sexual e outros comportamentos destrutivos). Isso não significa que seja um problema mais fácil de resolver, mas pode ajudar. E, quando estamos nos recuperando dessa doença, aceitamos toda a ajuda que pudermos conseguir.

Depois daquela noite terrível, eu me senti mais solitário do que jamais havia me sentido em toda a minha vida. Compreendi que estava cavando a minha própria sepultura. Não tinha ninguém com quem contar, exceto a minha mulher, já sobrecarregada de problemas. Não conseguia ver nada remotamente positivo no meu futuro. Sentia um vazio e um desespero absolutos. Não queria nem ver o sol nascer.

Gostaria de poder contar que, depois desse momento de iluminação, eu saltei da cama do hotel decidido a me transformar totalmente. Em vez disso, resolvi dar vazão à raiva que ainda transbordava dentro de mim. Não sofria em silêncio. Punha a culpa em todos que estavam à minha volta. Determinei que o que quer que tivesse saído errado ou não tivesse atendido às minhas expectativas era sempre responsabilidade de alguém.

Fui direto para o escritório e continuei a queimar as duas pontas da vela (daí ter acordado com a casa em chamas). Não queria encarar uma esposa extremamente infeliz, que se sentia sozinha nas tarefas de criar os filhos e cuidar da casa inteira e que vivia com um homem enraivecido, acabrunhado, desnorteado, que "não estava lá" para ela nem, em última instância, para si mesmo.

E, então, horror dos horrores, a produção no escritório começou a cair. Ironicamente, mesmo que absolutamente tudo à minha volta estivesse despencando sobre a minha cabeça, foi só quando o meu negócio começou a apresentar problemas que finalmente acordei. Durante algum tempo, consegui fugir da realidade graças ao fato de que tínhamos obtido muitos lucros no período imediatamente anterior naquele ano. De repente, fui obrigado a admitir que, a menos que conseguisse tirar um coelho da cartola, teríamos pouquíssimo dinheiro, e as perspectivas de curto prazo também não pareciam nada boas. Corríamos o risco de perder a casa e, mesmo temendo pela minha auto-estima, precisei redobrar os esforços para manter o barco flutuando.

Alguma vozinha racional dentro de mim me disse que eu simplesmente não podia continuar trabalhando dia e noite. Tinha que procurar novos clientes, possíveis novas fontes de renda; contudo, precisaria usar mais a inteligência do que o tempo.

Agora, estava pronto para ouvir Wendy. Foi preciso que meu negócio ficasse ameaçado para que eu aceitasse o fato de que a vida com minha família estava ameaçada. Sabia que era necessário mudar. Mas por onde começaria?

Preparando-se para recomeçar

Para mudar, é claro, é preciso querer mudar. É necessário saber o que você está "recomeçando". Você tem que avaliar onde está e aonde quer chegar. Não basta dizer "tive uma gripe terrível e quero me sentir melhor", porque a relação viciada com o trabalho impregna absolutamente todos os aspectos de nossa vida. Meu primeiro passo foi não fazer nada.

Primeiro passo: não faça nada

Como a introspecção nunca esteve entre as posturas habituais de um workaholic, é sempre difícil começar lançando um olhar para dentro de si mesmo. Mas é assim que o processo deve ter início. Como disse, você ficará tentado a mergulhar de cabeça no problema e resolver a questão imediatamente. Isso é impossível. Se você está vindo de um completo colapso, é necessário que se dê tempo para não fazer nada. Não planeje nada. Levante da cama quando tiver vontade. Ponha a roupa – ou não. Assista à televisão ou leia um jornal. Ceda a qualquer impulso que pareça preguiçoso ou improdutivo. Essa doença cobra um preço tanto em termos mentais quanto físicos, e você precisa admitir isso.

Esse é o momento para você se auto-redefinir. É a hora de ter clareza sobre a sua forma de se comportar em relação à vida e ao trabalho. Em certa medida, pode-se dizer que você está prestes a promover uma drástica redefinição das suas prioridades em quase todas as áreas de sua vida.

Tudo que você fizer a respeito do seu ambiente de trabalho, assim como da sua casa, deve ser realizado com plena consciência da sua condição de workaholic em processo de recuperação. Você não pode esquecer-se de como se encontrava, da mesma forma que um alcoólatra não pode deixar de atentar diariamente para sua recém-conquistada situação de "homem sóbrio". Não estou dizendo que lhe seja necessário ficar obcecado com sua nova vida, mas somente que é preciso integrar seus novos comportamentos e sua nova consciência à sua nova vida. Você vai perceber quando poderá estar recaindo em velhos hábitos – e será capaz de tomar decisões com base nessa nova consciência.

Admito que para mim isso era quase impossível. Sou uma pessoa voltada para soluções e me vejo como um exterminador de problemas. Wendy me ajudou a perceber que, ao me apressar para tentar consertar tudo sem fazer uma reflexão profunda, estaria colocando um band-aid na minha ferida e preparando o terreno para reincidir no mesmo erro. Lembre-se: foi necessário um longo tempo para você chegar aonde chegou. Prometa a si mesmo dar um longo tempo para se recuperar.

Segundo passo: não queira se virar sozinho, peça ajuda

Não importa por qual caminho, você sempre acaba chegando à idéia de que precisa de ajuda. Ver-se diante apenas de si mesmo e do seu vício, da verdade nua e crua, é algo aterrorizador. Mesmo antes de embarcar na sua jornada rumo à cura, é preciso enfrentar a si mesmo ou o que sobrou de você. E esse confronto apresenta uma perspectiva assustadora, especialmente para pessoas como nós, que se esconderam por tanto tempo para evitá-lo.

Também precisamos ter consciência de que, no início, estaremos sozinhos nessa batalha. Não tive essa compreensão quando me pus a caminho da recuperação, mas talvez você possa lucrar com minha experiência. Os primeiros dias, semanas e meses podem ser bastante difíceis. Havia fases em que, justamente quando estava melhorando, me sentia pior do que nos piores momentos de crise da minha doença. Mas você acabará se curando se persistir, mostrando determinação.

Chegará o momento em que sairá do outro lado do túnel. Será necessário que se esforce para se comunicar com os outros como nunca antes e ir fundo em si mesmo para conseguir forças. E vai descobrir que possui essas forças, em maior quantidade do que imaginava. E vai encontrar esse apoio, porque há pessoas esperando para ajudá-lo.

Talvez você queira procurar o auxílio de um terapeuta profissional ou de um grupo dos Workaholics Anônimos. Ambos os caminhos podem oferecer-lhe estímulo para que reconheça sua dependência em relação ao trabalho e ajudá-lo a dar os primeiros passos para tornar-se novamente uma pessoa viva. Como vai fazer essa jornada é uma opção sua.

No meu caso, minha mulher, sempre a viga-mestra da nossa estabilidade familiar, me ajudou ao falar sobre como a qualidade da nossa vida (e da vida dos nossos filhos) tinha sido afetada pela minha doença. Se você tem a sorte de ter um membro da família ou um amigo que possa ser sincero com você – e se você for inteligente o bastante para ouvi-lo e realmente absorver o que lhe está sendo dito e pedido –, essa linha de comunicação pode se transformar na corda que o salvará do afogamento.

No caso de você não se abrir para essas vozes, poderá afundar completamente, perdendo o emprego, a família, a auto-estima e até mesmo os preciosos bens materiais de que precisava para afirmar seu próprio valor. É difícil pedir ajuda, mas você precisa fazer isso.

Terceiro passo: compreenda que você tem opções

Como workaholic, você raramente, ou nunca, pensa em um mundo no qual tem "opções". Mesmo que você adorasse o seu emprego, ele lhe tirava um espectro de escolhas e o equilíbrio. Meu amigo Ben me contou que ele, paradoxalmente, sentia-se livre no seu trabalho. Perguntei-lhe por quê. Ele disse que no trabalho nunca tinha que fazer escolhas – sabia de antemão o que precisava ser feito ou alguém lhe dizia o que precisava ser feito, e ele simplesmente realizava o que era esperado.

Acho que Ben, na verdade, estava falando sobre seu medo de assumir compromissos – se tivesse se envolvido em qualquer nível mais profundo do que o habitual, ele teria que se comprometer com uma direção seguida por escolha própria e que seria resultante de algum tipo de introspecção. O mundo do trabalho de Ben não o levava a fazer nenhuma escolha (nem lhe proporcionava nenhuma promoção, é bom que se diga), e ele se acomodou, à sua própria maneira, àquela situação.

Quando você acredita que tem escolhas a fazer, esse fato, em última instância, lhe dá uma grande sensação de liberdade. No entanto, esse primeiro momento de compreensão de que a vida só tem a ver com escolhas pode provocar um medo enorme. Ao admitir que lhe cabe fazer escolhas, você conclui que responde por elas, o que o torna responsável não apenas pelos seus sucessos, mas também pelas grandes besteiras que cometer. É sempre mais confortável ter alguém ou algo para culpar pelos nossos erros. Dê uma boa olhada nas escolhas que faz no seu trabalho. Você diz a si mesmo: "tenho que fazer isso" e "nunca poderia fazer isso" porque "eles não iriam gostar", mas até que ponto isso é verdade? A sua vida, em última análise, é a soma das suas escolhas.

Ainda é um pouco difícil para mim lembrar-me de que posso escolher. Talvez seja porque tenha visto meu pai acorrentado dia e noite à escrivaninha, e nunca tenha compreendido, até ser tarde demais, que era ele que fazia isso a si mesmo – ele tinha a chave do carcereiro! E como, ao recomeçar tudo, ainda precisamos ganhar a vida, é fácil voltar a cair nos antigos padrões de comportamento. Afinal, dirigimos pelo mesmo caminho para chegarmos ao trabalho, almoçamos sempre naquela meia dúzia de restaurantes da moda e vemos sempre o mesmo círculo de amigos (se não os afugentamos). Não parece que temos assim tantas escolhas a fazer. Mas, no momento em que admitirmos que temos liberdade de escolha, poderemos começar a realizar mudanças de verdade.

Não confunda o poder de escolher com o poder de controlar. Sim, realmente controlamos nossa vida numa medida bem maior do que jamais pensamos, uma vez que podemos escolher. Mas o controle do tipo autocrático é uma ilusão – devemos dizer adeus ao objetivo de querer algum dia controlar tudo. Nem podemos controlar as pessoas à nossa volta. Eu realmente não consigo fazer isso com meus filhos – eles vão se transformar em quem eles são e no que aprenderam. Nossa meta é optar pela liberdade de escolha, não pela tirania do controle.

Quarto passo: repita comigo, cada dia é um novo dia

É verdade. Uma manhã não é simplesmente a continuação da noite passada ou da tarde do dia anterior. É importante reconhecer que os limites que você começar a criar darão início ao processo de cura. Uma boa ferramenta para começar sua nova vida é fazer um relatório pessoal diário. O que você deixou de lado, do que você se descuidou no seu mundo? O que você deixou passar, pôs de lado, ignorou? À parte seus compromissos com sua mulher ou com seu marido, com membros da família e amigos, do que você pode se lembrar que lhe dê uma idéia sincera de quem você é? Agora, já sabe que o seu trabalho não define você – você define o seu trabalho, e também a sua vida.

É duro aceitar que você não vai se tornar uma pessoa melhor de um dia para o outro. Você está fadado a ter recaídas. Se começar tendo a convicção de que cada dia é um novo dia, vai encarar esses erros inevitáveis com maior tolerância. Não permitirá que um pequeno deslize se transforme num retorno completo ao seu antigo estilo de vida.

Quinto passo: admita que não é perfeito

Um dos primeiros passos no caminho rumo a uma atitude mais saudável em relação ao trabalho é o reconhecimento de que você não é perfeito – ninguém é, ninguém nunca será. É como se comparar com o homem mais atlético e com o físico mais perfeito de toda a praia. Por que fazer isso? Para quê? Você o conhece para saber se ele não tem defeitos?

Reconheça seus pontos fortes. Pense neles. Não deixe sua atenção fechada sobre suas limitações. É isso que a maioria de nós faz o dia todo – para começar, esse é o tipo de enfoque, de perspectiva, que nos colocou nessa situação. Se você tem esse tipo de pensamento rígido a seu respeito, certamente possui processos mentais inflexíveis que funcionam como carcereiros em outros aspectos da sua vida. Você está sofrendo por tentar ser o trabalhador perfeito. Na hora de se curar, não vá se estressar tentando ser também o "paciente" perfeito.

É difícil não ser perfeccionista. Sei disso porque é um impulso contra o qual ainda luto. Perfeccionistas têm que lutar por terem sido negativos durante tanto tempo. Quando éramos workaholics, éramos os primeiros a lançar críticas a nós mesmos e aos outros. Desenvolvemos um olho de lince para limitações e defeitos de quem quer que seja. E a parte mais dura a respeito de não sermos perfeccionistas, aquela que afeta o lado mais negativo de nossa personalidade, é conseguirmos dizer que algo está bom o bastante. É sermos capazes de avaliar o resultado de um dia de trabalho e dizer: *chega*. A proposta já está boa o suficiente, o cliente já está feliz o bastante. Chega. E, embora essas palavras possam soar um tanto rudes, elas na verdade não são. Elas têm um efeito libertador. A decisão de simplesmente parar e ser feliz com o que já temos nos proporciona uma sensação de grande liberdade e leveza. Não seja negativo. Os verdadeiros inimigos são o cinismo e o pessimismo.

Tento perguntar a mim mesmo por que me sinto desse jeito quando estou deprimido e me mostro intolerante com as pessoas. O que está na raiz desse sentimento? Posso mudar minha reação ao comportamento negativo dos outros? Pode haver um elemento de manipulação na atitude de deixar as coisas correrem e seguirem seu caminho. Mas "deixar as coisas correrem" é um ato que nos mantêm à distância das frustrações que surgem do fato de não estarmos no controle (a mania de controlar tudo e o perfeccionismo são irmãos gêmeos). "Seguir meu caminho" significa me sentir mais à vontade e em paz em relação às conseqüências de "deixar as coisas correrem".

Quando me pego julgando alguém ou me comportando com uma teimosia agressiva, seja lá que conversa ou negócio esteja em questão, permito que a outra parte acabe levando a melhor. Tento parar, examinar os elementos que conduziram àquela "reação em cadeia", e, novamente, deixo para lá.

Não é que hoje em dia eu não me critique. Eu faço isso. Mas esses pequenos erros que cometo não são uma questão de vida ou morte. O mundo continua a girar em torno do Sol sem minha ajuda e vai ser sempre assim. Em certa medida, a aceitação das próprias limitações chega com a idade. Simplesmente chega. Realmente ficamos mais sensatos. Aprendemos a distinguir quais lutas valem a pena ser travadas e quais são pura perda de tempo. Mas a idade não é o único elemento a funcionar como um professor. Se você analisar o leque de experiências que viveu na condição de workaholic perfeccionista, perceberá comportamentos repetitivos: expectativas exageradas... lealdades mal dirigidas... confiança nas pessoas erradas... mania de grandeza... ânsia incontrolável por mais, mais e mais.

O impulso na direção do perfeccionismo e da vontade de tudo controlar alimenta um apetite que será sempre insaciável. Livre-se dele.

Sexto passo: acerte novamente o relógio do seu trabalho

A próxima medida que você tem que considerar é como e quando vai começar a erguer novas barreiras e fronteiras. Olhe para a sua jornada de trabalho – aquela na qual um dia de serviço tem oito horas, e não quinze horas como antes. O que realmente precisa ser feito?

Parte desse processo de recuperação é fazer uma contabilidade moral das nossas limitações. Também precisamos executar uma contabilidade implacável em relação às nossas carreiras. Comece pondo por escrito tudo o que você faz, tudo o que você quer realizar e tudo o que esperam de você. Uma vez que esses tópicos estejam no papel, pense de verdade sobre o assunto. Que aspectos do seu trabalho provocam em você uma reação exagerada? Que atividades podem ser eliminadas? Que assuntos não exigem sua total atenção? Quando fiz minha lista, descobri que estava dando importância demais a telefonemas que não eram tão relevantes. Embora me retraísse a cada chamada telefônica, respondia a todas imediatamente. Ao mesmo tempo, reparei que ficava adiando ligações que poderiam levar a algum tipo de confronto. Agora, tento fazer o contrário. Sei que posso sair às cinco da tarde se responder aos telefonemas mais problemáticos. E também sei que muitas das ligações menos importantes podem perfeitamente esperar até o dia seguinte.

Estar sempre de olho no relógio não é de todo mau. Ter consciência dos limites impostos pelo tempo pode ajudar você, como me ajudou. Tento encerrar minha jornada de trabalho no máximo às seis horas da tarde, embora tente sair às cinco horas sempre que possível. No início, isso me deixava um pouco ansioso. O que aconteceria se eu não respondesse ao último telefonema ou mandasse aquele último e-mail?

Pergunte a si mesmo o seguinte: que prazer lhe dá a idéia de que você é tão importante que aquilo que está fazendo não pode esperar até o dia seguinte? Se isso não prejudicar ninguém, então é porque pode esperar.

Controle o seu ritmo de acordo com sua jornada de trabalho. Eu costumava experimentar uma explosão de energia na parte da manhã. Lá pelo meio-dia, já tinha escrito uma enxurrada de cartas, memorandos e notas. Eu me lançava em várias tarefas ao mesmo tempo, o que normalmente significava que cometia erros de ortografia e que era incapaz de acompanhar uma conversa ao telefone enquanto estava escrevendo. Também tinha o hábito de ler e-mails e redigir as respostas enquanto falava ao telefone. Interrompi essa dupla atividade quando, pela vigésima vez, a pessoa com quem estava falando perguntou: "Você está aí?" ou "Escutou o que eu disse?". Esse comportamento não é apenas improdutivo, é uma grosseria.

Minhas tardes eram passadas num estado de semiconsciência durante o qual, na maioria das vezes, eu produzia muito pouco. Tomei consciência de quanta "atividade" eu arranjava e quão pouco trabalho na verdade era realizado. No fim da tarde, eu mal conseguia me manter de pé.

Na sua parede há um relógio exatamente igual ao de todas as outras pessoas. Para que brigar com ele? Por que ser louco por ele? Crie, em bases diárias, semanais ou mensais, "mapas de tempo" para você. E não os faça de um jeito que seja impossível cumpri-los. Tente o seguinte: dê uma olhada na agenda. Comece com o próximo mês – escreva cinco horas ou mesmo seis horas (é preciso avançar um pouco de cada vez) em dois dias de cada semana. Essa anotação significa que sair do trabalho naquele horário estabelecido é um compromisso consigo mesmo. Não abra mão desse objetivo, a não ser num caso de *emergência de verdade* (e você sabe o que é uma emergência de verdade).

E, se não sabe, aqui vão alguns exemplos:

- Determinado arquivo desapareceu e, se não for recuperado, seu negócio pode perder um cliente.
- A rede inteira de computadores pifou e você é o único que sabe restaurá-la.
- O edifício explodiu.

Não se trata de uma emergência de verdade:

- Um cliente insatisfeito, e que não é vital para o funcionamento da empresa, pede a sua atenção.
- O ar-condicionado quebrou.
- A encomenda enviada à noite não tinha chegado até as dez e meia da manhã.

- Alguém pôs a chave do banheiro dos homens no lugar errado. (Acredite ou não, eu a toda hora acabava me envolvendo nesse tipo de coisa.)

Isso representa tempo para você ir à academia ou ao cinema, fazer uma caminhada, encontrar-se com a sua mulher, ligar para um amigo, retomar uma amizade que esteve em hibernação. Use esses momentos para ficar com seus filhos e recuperar o tempo perdido ou para comprar um presente para si mesmo. Aproveite-os para ler todas as páginas da seção de esportes do jornal (tente ficar longe da seção de economia e negócios – ela apresenta um sério risco de provocar uma recaída).

Às vezes, conseguir esse tempo depende de algo simples, como a decisão de escolher ao acaso um dia e sair do trabalho às cinco horas, não importa o que aconteça. Você também pode seguir o exemplo de um amigo meu que chegou a um acordo com seus empregadores: no verão, ele trabalha meio expediente às sextas-feiras, aconteça o que acontecer. E esta última frase é fundamental: precisamos aprender a arranjar tempo para o que é importante para nós, não importa o que aconteça.

Preparar sua agenda é um símbolo importante dessa mudança. Ela mostra, por escrito, que aquilo que você planejou para a sua vida fora do escritório é exatamente tão relevante quanto o que você faz no trabalho. No meu calendário, marquei meus dias de "ler em casa", os dias próximos das férias para que eu possa ajudar Wendy a prepará-las. Pego o calendário da escola, descubro quando são os períodos de folga das crianças e os encaixo na minha programação. Às vezes, faço planos com seis ou dez meses de antecedência para manter esses dias livres para a minha família. Meus assistentes sabem que esses dias são sagrados. Organizamos a agenda de acordo com eles, e não o contrário.

Quando comecei a programar minha agenda desse jeito, não tratava os compromissos comigo mesmo, com os amigos ou a família com a seriedade que devia. Marcava um dia para ir à academia e chegava lá às cinco e meia ou às seis horas da tarde, quando o lugar já estava tomado por uma multidão, e eu ficava desanimado. Assim, reprogramei minha saída para chegar à academia antes que estivesse lotada. Agora, costumo freqüentá-la quatro noites por semana e me sinto ótimo com isso. Saber que estou em melhor forma me dá mais energia, o que aumenta minha motivação para manter esse compromisso.

Num artigo no *New York Times*, Lisa Belkin escreveu sobre a promessa que um homem recém-casado fez a si mesmo de levar a esposa para almoçar fora pelo menos duas vezes por mês. Os dois tinham se deixado enrolar a tal ponto em compromissos depois do expediente que mal conseguiam se ver durante a semana e geralmente ficavam cansados demais para efetivamente tentarem se comunicar. O homem decidiu que uma boa solução seria arranjar tempo no meio do dia para manter contato com a mulher. Ele contou seu plano a um colega, um veterano em matéria de casamento, que admitiu adorar a esposa e os filhos, porém descartou com um sorriso a idéia do amigo, argumentando que a realidade acabaria fatalmente por fazer o projeto fracassar. Segundo a previsão do veterano, o casal, apesar das suas boas intenções, terminaria cancelando ou adiando o almoço repetidamente, assim que se visse envolvido pelo turbilhão da rotina de trabalho. Os dois homens decidiram apostar: o veterano cético pagaria ao recém-casado cem dólares para cada encontro que o amigo mantivesse com a esposa acima do mínimo de dois almoços mensais. E o recém-casado daria cem dólares para cada almoço abaixo desse mínimo.

Não sei quem ficou com o dinheiro, mas realmente admiro o ideal dessa experiência. Primeiro, aquele homem anunciou sua determinação de, no meio da jornada de trabalho, manter contato com alguém que ele ama; o compromisso poderia ter sido encontrar regularmente um amigo ou um grupo. Em segundo lugar, ele contou seu plano a outra pessoa e até botou dinheiro em cima da mesa para aumentar as chances de manter-se fiel às suas prioridades.

Aproveite a hora do almoço. Afaste sua cabeça do trabalho. Não precisa ter necessariamente a ver com comida – eu particularmente adoro fazer caminhadas pelas redondezas. Sua hora de almoço deve servir como uma maneira de estabelecer contato com o mundo fora do seu trabalho, de preferência com outras pessoas.

Estamos no final da tarde de uma sexta-feira. Você está enfiando na pasta um monte de coisas para tentar "pôr o trabalho em dia" em casa? Ou está fazendo planos para dar uma passada no escritório no fim de semana para "acertar alguns detalhes" que ficaram faltando? Então, preste atenção: você é como a maioria das pessoas que trabalha – nunca vai pôr nada completamente em dia e sempre existirão à sua volta alguns detalhes a acertar. Seu desafio não deveria ser tentar vencer essa batalha perdida, mas aprender a viver com a sensação de que *mesmo que ainda haja algo por fazer... está tudo bem*. Querer sempre estar no topo da lista em tudo é outro disfarce do perfeccionismo.

Comece resgatando seus fins de semana. Não ponha os pés no escritório aos sábados e domingos – faça disso uma regra. E não fique provocando velhos hábitos levando trabalho para casa e checando de modo obsessivo suas mensagens telefônicas e seus e-mails. Tudo isso pode esperar. Goste ou não dessa idéia, tudo continuará a funcionar perfeitamente sem você. E sua família e seus amigos precisam e querem mais de você.

Sei que é mais fácil falar do que fazer tudo isso. Mas assuma o compromisso consigo mesmo de se dar esses dois dias de folga toda semana, não importa o que aconteça. Acredite: você trabalhará melhor e será uma pessoa melhor.

Sétimo passo: comece aos poucos

Quando tentar promover mudanças, não queira dar um passo maior do que as pernas. Comece saindo do trabalho no horário que tiver estabelecido. Depois, passe a fazer pausas durante o expediente – até mesmo saindo do ambiente para fazer essas interrupções. Em seguida, aproveite a hora do almoço. Finalmente, deixe o trabalho no escritório – não entupa sua pasta com coisas que quer levar para casa. Se não pode desfrutar o fim de semana inteiro, preserve pelo menos um dia de folga, sempre de olho no objetivo de ampliar essas horas de liberdade.

Não faça promessas irrealizáveis. Não levante a mão todas as vezes que seu chefe pedir um voluntário. Veja um amigo (ou faça um novo amigo) durante a hora do almoço, mas fora do trabalho. Planeje suas férias e não leve trabalho ou o celular na bagagem. Dê seu telefone de casa aos colegas, mas deixe claro que é apenas para os casos de emergência.

Vá a um jogo. Assista a um filme. Escolha um ou dois livros que você sempre quis ler... e leia-os. Acrescente uma dose de prazer ao seu dia. Pouco a pouco, você será capaz de integrar essas atividades à sua vida. Enquanto estiver fazendo isso, renove suas relações – com sua mulher ou seu marido, com os amigos e a família. Não assuma com eles compromissos além das suas possibilidades. Tente alcançar um equilíbrio. Conseguirá atingi-lo se tiver paciência.

Siga seus instintos na hora de dar cada passo. Não fique tentando imaginar o que você "deveria" falar. Comece dizendo o que você quer dizer, pensar, sentir, lembrar, acreditar, amar, criar.

O erro que as pessoas geralmente cometem é pensar que precisamos fazer grandes mudanças para alterar o curso da nossa vida. Mas são as pequenas mudanças que importam, são as pequenas escolhas que acabam irradiando seus efeitos em círculos cada vez maiores. Parei de fumar há muitos anos, rompendo de uma só vez e imediatamente com o hábito de consumir até quatro maços por dia. E, mesmo que minha vida não seja radicalmente diferente, é diferente o bastante para que eu seja grato por ter feito essa pequena mudança.

Só o fato de lutar contra a relação patológica com o trabalho já é uma mudança grande o suficiente. Não se sobrecarregue com o esforço de realizar alterações maiores imediatamente.

Vá devagar. Faça uma lista de amigos com quem você perdeu o contato e se comprometa a procurá-los novamente. Talvez você só vá ligar para eles uma vez por mês ou enviar um ou dois e-mails, mas dar um novo gás a antigas amizades significará algo para você. Esse tipo de atitude vai começar a adquirir uma importância que o trabalho jamais poderá ter.

E é isso que pretendemos fazer ao recomeçar: estamos tentando encontrar ou recuperar nossos valores. Não estou falando dos valores da sociedade, mas dos seus valores como indivíduo. E eles não precisam ser nobres ou solenes. Você pode optar simplesmente por dar prioridade à amizade em relação ao trabalho, à contemplação em lugar da ação, à paz de espírito, e não à afobação. Você vai descobrir quais são os seus valores quando começar a enfrentar o seu problema. E eles lhe darão a força de que precisa para ter sucesso nessa batalha. Encontrar esses valores e lutar por eles lhe proporcionarão um sentimento de realização e libertação e o levarão a uma vida mais rica e menos ameaçadora e complicada.

Dê um passo de cada vez. A verdadeira mudança acontece de maneira gradual; mudanças forçadas geralmente acabam conduzindo ao fracasso.

Oitavo passo: pense positivo

Comece a pensar de modo mais positivo do que costumava fazer. O que eu fiz de positivo? O que eu faria, o que eu gostaria de fazer, que fosse positivo? Não tenha medo de fazer essas perguntas. Nas palavras de Melody Beattie, autora do best-seller *Co-dependência nunca mais: pare de controlar os outros e cuide de você mesmo,* "pare de ser mau consigo mesmo". Não é fácil ser otimista e positivo. Nós nos treinamos para acreditar que havia uma virtude em ser sempre negativo, em estar sempre vigilante: o teto estava sempre desabando. Nossa disposição era invariavelmente correr para "apagar os incêndios". Precisamos combater essa atitude. Incêndio é coisa séria, o fogo queima. E, a não ser que estejamos realizando cirurgias cardíacas de emergência, as coisas que fazemos, na maioria, não são tão sérias como pensamos. É por isso que ser positivo é tão importante.

Nono passo: arranje tempo para desenvolver novos interesses

Volte a descobrir as verdadeiras alegrias da vida – venham elas por meio de um renascimento da vida em família, de um novo relacionamento íntimo ou da liberdade que você sente ao começar a freqüentar uma academia de ginástica ou um grupo de igreja – seja o que for, retome o que foi negligenciado em nome do trabalho e da produtividade.

Mas não se apresse a preencher o tempo que ganhou. Curta esses períodos ociosos. Faça alguma coisa se ela lhe der prazer. Ouça esse sussurro de culpa soprando no seu ouvido, dizendo que você está "perdendo tempo" nessas novas atividades – e, então, elimine essa vozinha.

Workaholics sentem claustrofobia em termos mentais, emocionais e, às vezes, físicos. Experimentar o prazer oferecido por uma nova sensação de bem-estar, de que estamos vivos de verdade, é um sentimento que faz milagres. À medida que começamos a esquecer e perdoar afrontas sofridas no passado (reais ou imaginárias) e a nos sentir realmente à vontade com nossas novas vidas, cada dia se torna mais leve, mais claro, cheio da admiração proporcionada pelo que a vida tem de inesperado.

Vá com calma.

CAPÍTULO 6

FAÇA O MUNDO DO TRABALHO TRABALHAR PARA VOCÊ

Se dermos os passos certos, vamos melhorar; mas isso não quer dizer que o resto da humanidade vá necessariamente se curar ao mesmo tempo que nós. Lá fora ainda existirá um mundo cheio de fax, e-mails e telefonemas urgentes. Porém, mais ainda que tudo isso, o mundo continuará repleto de atitudes em relação ao trabalho que não serão modificadas somente porque precisamos ou queremos que elas mudem.

A ética do trabalho

A ética do trabalho significa o seguinte: quanto mais eu trabalhar, melhor eu me tornarei como pessoa. Os lemas que reafirmam essa mensagem nos cercam por todos os lados – é impossível escapar de algum sinal visual ou de uma voz interna que nos persegue insistindo que virtude é igual a trabalho:

Telefones
FedEx
Fax
Telefones celulares
Palmtops
E-mails
Laptops
"Mente ociosa, oficina do diabo."
"Este é o trabalho da minha vida."
"Um dia de trabalho honesto."

"Preciso disso agora."
"Onde você estava?"
"Faça agora!"
"Eu mesmo vou fazer!"

Nunca os workaholics foram tão bem recompensados e contaram com um ambiente que lhes fosse tão favorável como nos dias de hoje. Graças a todas essas novas máquinas que oferecem informação de modo imediato, basta um clique para fazer cem por cento do trabalho longe de casa ou, então, para levá-lo todo para casa, ou para o carro, ou para a ida do carro até o escritório. E assim por diante...

Comece a observar os outros – seus colegas de trabalho, seu chefe, seus assistentes – sob uma nova luz. Você passa mais tempo com eles do que com seus amigos e sua família. Pense sobre o trabalho deles. Essas pessoas parecem plenamente realizadas? Seu mundo se resume ao local de trabalho? Elas têm "outras vidas" – famílias, amigos, amantes? Como você tem alimentado a energia desse ambiente? Se você está num lugar que é dominado pela dinâmica do trabalho e onde se menospreza a busca pelo equilíbrio, é difícil não se deixar contaminar. Se alguma vez você chegou a avaliar seus colegas pelo que eles realizavam em termos profissionais, agora chegou o momento de valorizá-los pelos outros aspectos de suas vidas. Se você não gosta do que está vendo, por que está se esforçando tanto para imitá-los e competir com eles?

Erma Bombeck escreveu um tributo comovente por ocasião da morte de seu pai:

> Fui até meu quarto e procurei embaixo da cama o boneco que fazia o papel de papai nas minhas brincadeiras. Quando o encontrei, tirei a poeira de cima dele e o coloquei na cama. Ele nunca fazia nada. Não sabia que o fato de ele desaparecer iria doer tanto em mim. Ainda não sei por quê.

E Colman McCarthy faz eco ao mesmo sentimento:

> Nossos pais nos davam tudo o que queríamos, exceto, é claro, eles mesmos... O workaholic, atormentado e sofrido como é, dificilmente muda. Por quê? Porque ele é uma espécie de modelo de virtude. Ele é o escolhido como aquele que tem mais chance de ter sucesso.

Uma coisa alimenta a outra. Quem não quer ser honrado e virtuoso?

Não importa em que estágio da doença você esteja, não lhe será possível mudar o mundo à sua volta. E o mundo acredita no trabalho. Ao se sentar num avião, já reparou quantos passageiros estão ocupados com seus laptops? Nós não nos permitimos sequer os minutos ociosos necessários para contemplar as nuvens a dez mil metros de altura. Ficamos chateados quando o piloto nos informa que temos de "desligar todos os aparelhos eletrônicos" até segunda ordem, como se esses quinze minutos fossem cruciais.

Podemos aprender a perceber e a enfrentar no trabalho os fatores que ameaçam nos arrastar para os velhos hábitos. Mas e o local de trabalho como um ambiente? Não podemos cruzar os braços só porque somos workaholics, mas não devemos ignorar o que aquele lugar é capaz de fazer conosco.

Neopuritanismo

Parece que estamos vivendo uma reação exagerada a várias décadas de decadência – um quadro que se manifestou tanto por meio de uma falta de moral pessoal ou de comportamentos éticos quanto pelo envolvimento de nossos antigos ídolos com crimes – em alguns casos, até com assassinatos. Embora disso resulte um movimento positivo, integrado por pessoas que desejam levar vidas mais "limpas", precisamos estar atentos também a outro perigo. Pessoas que costumavam mergulhar na bebida, nas drogas ou no sexo querem agora mergulhar com igual violência no trabalho e nos exercícios físicos. Esses indivíduos ainda estão se comportando como viciados, mas agora o objeto do seu vício é respeitável, porque nunca se é rico demais ou magro demais. Eles trocaram seus drinques por celulares. E o ambiente de trabalho não apenas sanciona a doença do workaholic, ele claramente a encoraja.

É óbvio que a solução não é voltar ao ritmo do vício dos anos 1980 e 1990, ditado pelas festas barra-pesada, mas reconhecer até que ponto esse novo vício – o do trabalho – se tornou contagioso. Mesmo que você não esteja se recuperando da dependência em relação a alguma droga ou se curando de um vício qualquer, é possível identificar alguns traços daquela época no clima que impera hoje – as pessoas demonizam os excessos do passado, mas legitimam os excessos "virtuosos" atuais. Você ainda pode se esconder nas suas atividades e naquilo que está buscando, independentemente do que seja. O importante é ter certeza de que está agindo pela razão certa.

"Se não aparecer aqui no domingo, não se dê o trabalho de vir na segunda."

Sim, pode acreditar. A citação aí em cima é real. Não se trata de nenhum boato ou lenda urbana. Foi atribuída a um conhecido executivo de Hollywood que, a exemplo de outros líderes da sua espécie, exige total subserviência e obsessão por parte da sua equipe.

É claro que, como ocorre com todo bom workaholic, houve uma época em que eu não somente teria entendido um chefe que esperasse uma total imersão na carreira como seguiria seu exemplo sem hesitar.

Precisamos aprender a recuperar o tempo para aquilo que é importante para nós. E essa pode ser a parte mais difícil quando começamos a lutar contra nossa relação distorcida com o trabalho. Um dos nossos medos sempre foi o de que, se não fizéssemos algo, outra pessoa acabaria fazendo. E que alguém (a quem vemos como mais jovem, mais talentoso e se dá melhor com nosso chefe) vai nos ultrapassar e colher os louros que esperávamos.

Deixe-o para lá.

Na primeira vez em que parei de prestar atenção no barulho dos passos dos outros nos corredores foi muito difícil resistir à tentação de fazer meia-volta e me emburacar no escritório. Aos poucos, comecei a me confortar com a idéia de que minha família ainda me amava. Minha saúde continuava boa. Eu sabia que não estava prestes a pôr à prova minha capacidade, como se tivesse voltado ao início da carreira. Não ia fixar meus pensamentos naquela fatia que estava sendo disputada. É possível que eu tenha tido um idiota como chefe durante alguns anos, mas, com o tempo, ele foi se tornando melhor e muito mais sábio.

Quando levamos a sério a intenção de melhorar, temos que levar a sério o nosso tempo. Estamos prontos para parar de tergiversar, parar de remarcar compromissos com a família, parar de abreviar as férias e parar de abandonar o jantar no meio. E, se alguma pessoa deseja levar essa vida – essa existência doentia e solitária que estamos tentando largar –, se alguém quer trabalhar oitenta horas por semana, então deixe que faça isso. Sabemos o que é ser vítima dessa doença. Que a outra pessoa fique com ela.

Um agrado, por favor

Os workaholics gostam de agradar aos outros. Numa visão superficial, pode não parecer, pois, quando sobrecarregados, temos tendência a mostrar pavio curto, a sermos irritadiços e, muitas vezes, abertamente anti-sociais. Contudo, herdamos de nossos pais a necessidade de agradar às pessoas – imitamos seu comportamento workaholic. Às vezes, somos também perfeccionistas, descobrindo que nada está à altura dos altos padrões e expectativas que estabelecemos.

Com a aceleração vertiginosa do ritmo em que nos dedicamos às nossas atividades, o vício de trabalhar é engendrado no próprio local onde atuamos. À medida que novas marcas vão sendo estabelecidas, com o posicionamento da barra numa altura cada vez maior, absolutamente ninguém consegue atingir o desempenho ideal exigido. Espera-se atualmente que, para sobreviver, nos tornemos também profissionais na arte de agradar. Misture todos os e-mails, fax, mensagens telefônicas, cartas e encomendas expressas e você terá uma bela bactéria esperando para ingressar no organismo de um homem mais receptivo do que nunca a contraí-la nesse novo ambiente de trabalho.

Contudo, podemos nos treinar para sermos menos ansiosos na hora de atender às novas exigências impostas no escritório. Andar nessa corda bamba exige muito equilíbrio, mas com prática podemos chegar lá. Nossa primeira atitude deve ser identificar o que é e o que não é importante. Nem sempre isso é fácil, especialmente num ambiente dominado pela alta tecnologia, onde cada fragmento de comunicação parece vir rotulado com o aviso "urgente".

Existe o trabalho pelo trabalho, como um fim em si. Você reconhece esse fenômeno quando se depara com ele ou quando lhe pedem que faça alguma coisa desse tipo. Tente não ficar atolado em atividades sem sentido. Dite o seu próprio ritmo. Não deixe que outra pessoa imponha o passo dela a você. Se permitir que isso aconteça, a qualidade da sua produção vai sofrer, e você também. Por outro lado, atuar no seu próprio ritmo lhe permitirá realizar um trabalho de qualidade.

Talvez você considere útil assistir a aulas sobre administração do tempo, ou ler um livro sobre o assunto para aprender a estabelecer prioridades, ou simplesmente escolher um aspecto que mude todo o seu comportamento em relação ao tempo. Quem sabe lhe seja possível aguardar duas horas antes de responder àquele fax ou esperar meia hora antes de abrir determinado e-mail. E o que você descobre ao tentar combater esse impulso de querer agradar aos outros? Descobre que, na maior parte das vezes, o mundo nem sequer percebeu sua intenção.

Em *Transforme seu cérebro, transforme sua vida*, o neurocientista Daniel G. Amen, M.D., oferece uma receita simples para seus pacientes que perdem tempo demais pensando no que outras pessoas pensam deles. Ele ensina a "regra 18/40/60":

- Aos dezoito anos, você se preocupa com o que todo mundo pensa de você.
- Aos quarenta, você não está nem aí para o que todo mundo pensa de você.
- Aos sessenta, você compreende que ninguém está nem sequer pensando em você.

Esse é o nó da questão: uma parte enorme do nosso impulso para trabalhar vem do desejo de agradar a fantasmas. Nossos colegas querem nossos melhores esforços, mas não desejam nos ver dando nossa carne e nosso sangue.

Não o estou encorajando a realizar um trabalho malfeito ou a demonstrar má vontade. Mas vamos encarar o fato: se você fosse atropelado no estacionamento hoje, a empresa em que trabalha fecharia as portas, iria à falência? O edifício viria abaixo? Não. O trabalho bem-feito deve ser recompensado, mas ninguém deveria trocar a vida pelo trabalho.

Dizendo "não" no trabalho

"Eu não agüento o ritmo", diz um homem que conheço. "Não tem como. Quando estou funcionando na velocidade máxima, sou forçado a fazer um trabalho medíocre, e meus clientes sabem disso, e o meu patrão também." Mas, em vez de enfrentar o chefe, esse homem adere à teoria de que é melhor executar um trabalho medíocre no ritmo de uma jornada de vinte e quatro horas/sete dias por semana do que fazer uma pausa, pois esta poderia dar a impressão de que ele não está cem por cento comprometido com sua atividade.

Esse tipo de pensamento abriga uma questão perigosa. Como no caso do perfeccionismo, e do risco de recaída que ele representa, às vezes a pior ameaça vem de dentro de nós mesmos. E uma das questões mais difíceis quando temos o vício de trabalhar é compreender de que forma devemos encarar as críticas que outras pessoas nos fazem. No caso que citei, o chefe está tão atolado quanto seu funcionário. O que o meu amigo está fazendo é, em grande parte, pegar os comentários do chefe para, em seguida, exagerá-los e personalizá-los.

A relação doentia com o trabalho não está apenas se desenvolvendo de forma desenfreada, ela está se tornando contagiosa. As exigências feitas pelos chefes muitas vezes não são realistas. Com freqüência há um descompasso entre o que prometemos fazer e a realidade do que *podemos* fazer.

"Não quero trabalhar tanto como minha chefe trabalha", me diz outro amigo. "Ela não tem uma família, eu tenho. Ela acabou de conseguir o MBA e pensa que sabe tudo – quer implantar novos sistemas e analisar tudo. Nosso departamento inteiro está sendo tiranizado pelo desejo que ela tem de preencher sua vida apenas com trabalho. É como se devêssemos nos sentir entusiasmados e desafiados por todas essas novas tecnologias e sistemas de informação. Em vez disso, eu me pego tendo 'recaídas' e consultando as prateleiras da antiga biblioteca. E, a cada dia, me sinto como se tivesse fracassado."

Onde está o fracasso aqui? No trabalhador ou no sistema? Precisamos entender que cada um de nós é incapaz de controlar, mudar ou fazer desaparecer os fatores que em sua maioria causam estresse. Mas, até que possamos nos afastar deles e estabelecer limites em relação ao tempo que passamos trabalhando, é realmente difícil compreender quão pouco controle temos e o quanto é poderoso o mundo exterior. Às vezes, basta uma má notícia insignificante para nos fazer cambalear.

Você não precisa se autoflagelar porque pensa que está deixando seu chefe na mão. É sempre possível recuar um passo e reavaliar a situação. O que estão lhe pedindo é algo realista? Você exigiria isso de outra pessoa? Em vez de se calar e aceitar o fato, você pode tentar comunicar sua realidade ao seu supervisor. Revele a ele quais são suas prioridades e suas expectativas em relação a si mesmo. Se está realmente vivendo sob uma pressão tirânica e se as exigências que lhe fazem são descabidas, não reaja embarcando numa espiral de sentimentos negativos nem se sinta culpado. Só porque a casa do seu chefe está em chamas, não significa que foi você que ateou o fogo.

Explique a ele que você quer fazer um bom trabalho – de verdade. Mas você também tem uma vida fora do escritório que fez de você uma pessoa mais ponderada e um trabalhador mais produtivo. Você não pode ser resumido ao seu trabalho; sua identidade é constituída por muitos componentes – talvez seu gosto por música, poesia, futebol, carros, o amor pela sua mulher. Seu chefe precisa compreender que eles não são apenas "interrupções" nas suas atividades – são os elementos que formam quem você é. E quem você é, para início de conversa, é o motivo pelo qual você foi contratado.

Acredito sinceramente que obtemos uma produtividade muito maior das pessoas quando as tratamos como adultas e não como escravas, quando mantemos uma relação de respeito mútuo e nos interessamos de verdade por elas como seres humanos.

Gosto de ver as pessoas que trabalham comigo felizes; e, quanto menor é a tensão, mais felizes e produtivas elas se mostram. Por isso, durante o verão, estabelecemos uma jornada de meio expediente às sextas-feiras. Encorajo meus colegas de trabalho a voltar para casa num horário razoável. Eu os estimulo a dar uma volta durante o dia para pegarem um pouco de sol e respirarem ar puro.

Realmente espero que nossos funcionários mais jovens tirem licença-paternidade quando suas mulheres dão à luz. É algo humano. É apropriado. Tem a ver com a vida, com equilíbrio.

Às vezes, até me surpreendo ao repreender (de leve) um companheiro de trabalho por ficar no escritório tempo demais ou por aparecer no fim de semana. Se for uma situação de emergência, tudo bem – mas isso nunca deve ser a norma. Tenho consciência de que, na condição de workaholic que está se recuperando, quero que as pessoas que trabalham comigo criem hábitos mais saudáveis.

Se você conseguir dizer ao seu chefe: "Se pegar esse projeto para fazer, posso não ser capaz de terminar a tempo porque já estou ocupado com A, B e C", já vai ser um bom começo.

Outra maneira de sensibilizar o seu patrão é dizer: "Realmente quero executar um bom trabalho, mas já estou enrolado com muitas outras coisas, e fazer tudo isso ao mesmo tempo pode levar a uma situação em que o resultado não vai ser tão satisfatório para mim e, no final das contas, para você." Também lhe é possível argumentar: "Vou ser mais produtivo para vocês se me deixarem sair mais cedo duas tardes por semana para pegar minha filha na creche. Vou ser uma pessoa melhor, mais feliz, e vocês conseguirão um melhor desempenho da minha parte." Antes de criar coragem para trabalhar por conta própria, tive de criar coragem para perguntar aos meus antigos supervisores: "Vocês querem isso agora ou querem isso bem-feito?" Hoje em dia, essa é a indagação que espero que todos meus funcionários façam a si mesmos.

Isso não tem a ver com manipular. Você não está tentando fugir do trabalho ou da responsabilidade. Se você oferece uma compensação, digamos, maior produtividade em troca do direito de sair mais cedo para pegar sua filha, é preciso honrar esse compromisso. A mágica está no fato de que o resultado dessa atitude é mesmo verdadeiro: ficar mais feliz vai torná-lo mais produtivo. Trata-se de bom senso.

Não podemos bater de frente com a realidade dos nossos ambientes de trabalho. A verdade é que esperam mesmo que nós façamos mais em menos tempo; que cada projeto receba menos atenção individual, de modo que possamos nos dedicar a um número maior deles. Apesar disso, vejo cada vez mais administradores e gerentes compreendendo que a melhor maneira de lidar com essa realidade é encorajar a maior flexibilidade. Mas, se o seu chefe é totalmente impermeável a argumentos mais ponderados, se não demonstra ter qualquer senso de humanidade ao qual você possa recorrer, encaremos o fato: você está no lugar errado. Sei que para mim é fácil dizer isso, mas você deveria encontrar um jeito de sair de onde está. Mais cedo ou mais tarde, você vai se dar mal com essa pessoa – ela vai providenciar para que isso aconteça. Se você insiste em ficar num emprego que não o encoraja a valorizar o que julga ser mais importante, acabará sendo somente o parafuso que seu chefe deseja ver fora da engrenagem. Se a sua única aspiração é ser uma peça que nunca precisa de um pouco de graxa ou atenção, você está deixando escapar a oportunidade de ter uma carreira mais estimulante, desafiadora, e que o faça sentir-se realizado. Está virando um zumbi.

Você também pode aprender a ignorar alguns dos pressupostos mais difundidos sobre o trabalho. Quando um colega o felicita por um serviço bem-feito, nada o impede de saborear o elogio e, ao mesmo tempo, lembrar-se de que na vida há muito mais do que um "serviço bem-feito". Da mesma forma, da próxima vez em que for encorajado a "parecer bastante ocupado" porque um cliente importante está chegando, você pode optar por ignorar a recomendação. Afinal, parecer ocupado – ou até mesmo estar ocupado – não significa necessariamente que você está vivendo da melhor maneira possível.

Você quer gostar do seu trabalho, somente não quer se tornar um escravo dele. Encontrar o equilíbrio com a parte de sua vida que está fora do escritório o transformará num trabalhador melhor, em alguém capaz de imprimir uma nova perspectiva ao que faz.

Aprender com as gerações X e Y

O pêndulo agora está se inclinando na direção contrária. Há toda uma nova geração na faixa dos vinte a trinta anos que procura ocupações fora do âmbito dos empregos tradicionais. Essas pessoas desafiam o modelo baseado em lealdades de longo prazo, aceito pelas gerações anteriores. Não quero dizer com isso que todos os adultos jovens adotaram o hábito de trocar de emprego ou que lhes falta sentido de direção ou concentração. Mas o fenômeno sugere, sim, que essa tendência está sujeita aos ventos da mudança, ventos que no momento sopram com a intensidade de um furacão. Esses jovens estão experimentando novas relações de trabalho. As mudanças que marcam seu mundo profissional são um reflexo da sociedade tecnológica em que vivem. Tenho visto muitas dessas pessoas em busca de carreiras que permitam flexibilidade, mas que não inibam seu crescimento pessoal ou seus interesses extraprofissionais.

Há alguns anos, os "preguiçosos" da geração X eram um tema popular de discussão: jovens que, com vinte e poucos anos, esnobavam a vida nas grandes empresas para passar seus dias em cafés e boates. Não tenho nada contra. Não consigo pensar numa maneira melhor de passar a juventude do que a desperdiçando. E, se você acha que discorda, pense em quantas vezes já ficou se lembrando com prazer dos tempos de faculdade, cheio de saudade daquele estilo de vida bem mais simples. Infelizmente, muitas pessoas na casa dos vinte anos, na economia turbinada dos dias de hoje, não estão vivendo sua juventude de forma despreocupada, viajando sem destino ou escrevendo poemas ruins. Já são empresários aos dezoito anos, algo que gente mais velha nem sequer pensaria em fazer até ter trabalhado bastante e acumulado muito mais experiência. Mesmo que seja estimulante vê-los conseguir tanto em tão pouco tempo (ainda que o meu lado paranóico admita que é mais um incentivo para acelerar o passo nessa grande corrida), temo que estejam cultivando os prazeres proporcionados pelo vício do trabalho numa idade tenra demais.

Por outro lado, percebo um novo grupo de empreendedores que podem estar dando a partida em negócios não-convencionais, mas que estão fazendo do seu trabalho parte integrante do conjunto de suas vidas. Acredito que estão num caminho muito mais saudável do que aquele que trilhei quando tinha a idade deles. Eles iniciam seus negócios com um estado de espírito mais relaxado do que acontecia no meu tempo, num clima de pouquíssima formalidade e sem rivalidades exageradas. Estruturadas à maneira das grandes famílias, essas novas empresas parecem estimular uma cultura mais fraternal, uma atitude que diz "estamos nisso juntos". Percebe-se nelas um espírito mais comunitário e menos marcado por disputas. As portas ficam abertas, e os ambientes de trabalho não se parecem tanto com fortalezas. A rigidez deu lugar à flexibilidade. Nesses ambientes, espera-se que os colegas realmente se importem uns com os outros. Funcionários podem compartilhar espaços e horas de trabalho. Muitas pessoas desempenham suas tarefas em suas próprias casas. Há muitas novidades a se copiar desse novo mundo do trabalho.

Olhando de dentro para fora

Também podemos aprender a defender novas atitudes. É claro que ninguém gosta de quem assume a postura do sabe-tudo ou de alguém que é sempre do contra. E a pior coisa que poderíamos fazer ao tentar melhorar seria sair dizendo como todo mundo é horrível. Mas há maneiras mais sutis de estimular mudanças. Se estamos numa festa e um grupo de homens começa a falar de trabalho, podemos tentar mudar o tema da conversa. Isso talvez seja mais difícil do que parece porque, como você provavelmente sabe, há certas pessoas que vão sempre desviar o papo para o trabalho. Como disse, ainda que possamos promover a nossa própria transformação, provavelmente não vamos conseguir mudar o mundo. No entanto, mesmo pequenas vitórias significam avanços no processo de cura em que estamos. E, para aqueles que estão quase cruzando a linha que delimita o início dessa doença, esses discretos sinais de que a vida não se resume a falar de trabalho podem fazer toda a diferença.

Indo mais fundo

Para muitos de nós, não bastará concentrar a atenção nas rotinas diárias e decisões de momento. Não podemos responder a todas as perguntas que nos perseguem enquanto estivermos debruçados sobre nossas tarefas. Momentos de introspecção durante vôos intercontinentais não costumam funcionar, principalmente quando nossos laptops estão abertos e nos encarando. Mas podemos lançar um rápido olhar sobre nossa vida quando estamos sentados às nossas mesas. Também podemos fazer isso naquelas ocasiões em que a virtude do trabalho é atirada na nossa cara ou quando, numa situação social, nos vemos presos contra a vontade numa dessas conversas que giram unicamente sobre trabalho – basta nos afastarmos um pouquinho. Por um momento, nos é possível sentir que nosso lastro está nos valores que prezamos. Podemos parar e nos lembrar do que realmente é importante:

Quanto dinheiro é dinheiro suficiente?

Quais são minhas verdadeiras prioridades?

Quais são (eram) meus sonhos?

Do que quero me lembrar quando chegar à velhice?

Em que acredito? Numa força superior? Em caso negativo, qual é o meu lugar na Terra?

Quem eu amo? Como demonstro isso? Quando foi a última vez que disse a eles que os amava?

Quem são meus amigos?

É possível ser de uma forma no trabalho – uma pessoa dedicada, esforçada, que faz mais do que os outros – e, depois, em casa, desligar essa necessidade de dar o máximo, de realizar, de estar em primeiro lugar? Como alcançar o equilíbrio?

Toda essa discussão se dá em torno do ato de definir limites para si mesmo. É sobre ter consciência. Quando é que seu taxímetro está ligado e quando é que você está realmente de folga? Na raiz de todos os problemas em relação ao trabalho está nossa capacidade de nos auto-avaliarmos. A disposição para funcionar na base do piloto automático é nossa maior inimiga. O que precisamos realmente fazer é estarmos prontos para nos perguntar a qualquer momento: o que eu quero? O que quero ser? O que é importante de verdade para mim? Essa auto-análise não vai provocar nenhum terremoto. E você provavelmente vai sair dela com suas próprias perguntas, questões que o farão seguir em frente. Pode não ser muito, mas isso vai ajudá-lo a reconstruir seus relacionamentos e começar a tirá-lo do terrível atoleiro em que vem se enfiando. E, mais importante, é só um começo. Se não dedicarmos um tempo para tentar definir quem somos nós, outros farão isso em nosso lugar.

Na melhor das hipóteses, você acabará aprendendo mais sobre os motivos pelos quais considera necessário ser um dos protagonistas no mundo do trabalho. E vai compreender que pode ser bom naquilo que faz sem a carga de adrenalina que acompanha a idéia de que você é, antes de tudo, um protagonista. Uma vez que se disponha a mudar, sua primeira meta deve ser parar de se comportar assim em casa. Mais do que se sentir importante, queira ser ouvido e apoiado, que cuidem de você, que o façam rir – queira ser amado. Se tudo que você conhece se resume ao trabalho, então não tem nada a oferecer aos que estão em casa.

Todos sabemos o quanto é difícil "mudar a marcha" quando passamos do caos do trabalho para o caos do lar. Se você sente necessidade de um tempo de descompressão antes de se transferir para a esfera da vida doméstica, proporcione isso a si mesmo. Dê uma espairecida. Reflita sobre o dia que teve. Pense no que é realmente importante. Não leve para casa a panela de pressão que há dentro de você.

Agora, vamos discutir como alcançar o equilíbrio na nossa vida fora do escritório.

CAPÍTULO 7

RESGATE SEU RELACIONAMENTO CONSIGO MESMO, COM SUA COMPANHEIRA OU SEU COMPANHEIRO, COM A FAMÍLIA E OS AMIGOS

O grande segredo do sucesso consiste em viver a vida inteira como um homem que nunca experimenta a sensação de estar esgotado.

Albert Schweitzer

O que importa é o modo como você decidiu amar. Costuma-se dar muita importância ao sucesso – escuto essa conversa o tempo todo. Mas o que sei é que não há sucesso quando não há alegria e satisfação. Então, em vez de buscar o sucesso na sua vida, procure o que lhe dará mais satisfação: satisfação é o único objetivo pelo qual vale a pena batalharmos.

Oprah Winfrey

Tentar criar um equilíbrio na sua vida não significa esconder a agenda, desligar o celular, tirar o fax da tomada e virar todos os relógios para a parede. É claro que é preciso ir fundo para realizar todas essas mudanças. Isso leva tempo, e aqueles que são mais chegados a você podem ajudá-lo a fazer essa transição no seu dia-a-dia.

Colocando as pessoas em primeiro lugar

Você deve ter se sentido muito solitário quando compreendeu que estava no fundo de um poço cavado por suas próprias mãos. Agora chegou o momento de reconstruir todos os vínculos com as pessoas de quem você mais gosta para lembrar-se do principal motivo pelo qual trabalha. Esse é um dos passos mais difíceis a dar, porque significa que lhe será necessário encarar os seus fracassos com aqueles que você ama. A princípio pode encontrar resistência, mas é possível reconstruir as pontes que você pensava ter queimado.

Antes de procurar retomar esses contatos, lembre-se do que os pilotos das companhias aéreas dizem aos passageiros a respeito do uso das máscaras de oxigênio. Antes de tentar ajudar os que estão à sua volta, ponha a máscara de oxigênio em você.

Retomando o contato consigo mesmo

A exemplo do que ocorre com outros viciados, o workaholic nunca dedica realmente um tempo à introspecção e à autoanálise. Uma das razões pelas quais nos afundamos no trabalho, como discuti anteriormente, é a nossa necessidade de sumir. Você ainda consegue se lembrar de qual era sua paixão antes de cair – ou pular – nessa armadilha? Era o futebol? A leitura? A ginástica? A praia? Seja lá o que for, tente reencontrar esse prazer. Só há pouco tempo voltei a dar atenção à minha coleção de discos antigos – e ela é enorme.

Pense nos temas positivos na sua vida: a música de que você gosta e o estado de espírito a que ela o conduz. Reflita sobre os dias do passado em que você ainda se maravilhava com certas coisas. Talvez tenha de rebobinar seu filme até chegar à infância. E daí? Faça algumas caminhadas sem destino certo. Elas sempre acabam levando a algum lugar.

Uma das partes mais importantes do processo de se tornar novamente uma pessoa completa é descobrir quem era essa pessoa. Quando compreendemos até que ponto estamos doentes, a pessoa em que nos tornamos pode parecer bem insignificante, bem triste. Nós nos estruturamos de acordo com o trabalho, mas, quando descobrimos que ele está nos destruindo, perdemos essa parte da nossa identidade. Eu me lembro de que a primeira vez que olhei minha doença de frente fiquei chocado ao perceber até que ponto meu carro e minha casa faziam com que me sentisse vazio; ou seja, sem esses importantes símbolos de status que inchavam meu ego e minha identidade, não tinha muito mais de mim a mostrar.

Esse foi um dos momentos mais assustadores da minha vida. Mas, desse ponto em diante, comecei a me sentir melhor. Entendi que, apesar de ter corrido o risco de perder muita coisa, ainda tinha bastante pelo que me sentir agradecido: amigos, família, dois filhos extraordinários. Ficava espantado com o fato de algum deles ainda querer algo sério comigo. Mas, assim que me livrei da autopiedade dessas primeiras semanas, vi muito de promissor à minha frente, bem como o que eu já havia feito de bom. Minha vida não tinha sido um desperdício. Nem eu.

Passe sua vida em revista – quais foram as piores épocas, as mais sombrias? Você começou a acrescentar à sua doença novos comportamentos típicos de um viciado? Se fez isso, continua adotando essas atitudes ainda hoje? Tente lidar com uma delas de cada vez. Pode ser que precise da ajuda de um terapeuta profissional. Você vai aprender a perceber quando está ou não tomado pelo estado de espírito de um viciado em trabalho. Essa nova consciência em relação a si mesmo representa o começo da sua liberdade.

É hora de pensar mais sobre como você se sente a seu respeito. No Apêndice estão relacionados os Doze Passos dos Workaholics Anônimos. Consulte-os diariamente. Você precisará se lembrar das suas prioridades e dos seus limites. Todo um novo leque de padrões de pensamentos, comportamentos e possibilidades começará a vir à tona. Você passará a assumir uma atitude mais positiva a respeito do que a vida lhe reserva no futuro. Seu otimismo vai reaparecer à medida que começar a aceitar o apoio de todos os que se importam com você.

E há também um ganho extra ao qual todos nós, workaholics, não podemos ser insensíveis: seu trabalho terá maior qualidade. Gradualmente, você passará a ser mais produtivo e mais útil à sua empresa. Esse é o maravilhoso paradoxo provocado pelo fato de você se sentir bem. A imagem que faz de si mesmo começará a melhorar. Você se tornará mais saudável e vai se surpreender procurando atividades que exijam mais garra, concentração e uma mente mais aberta. Começará a abrir mão de velhas rotinas. Uma sensação de felicidade e um sentimento de plenitude começarão a crescer feito uma bola de neve.

Será possível perceber outras mudanças. Talvez você queira explorar sua espiritualidade. Se você aceita a existência de uma força superior, seja qual for a idéia que faz dela – Deus, Alá ou o Sol –, ela o ajudará a acertar as contas com a sua doença. Você ficará sabendo que, sem apoio, é impotente diante da sua dependência em relação ao trabalho. Precisa, por isso, voltar-se para todo um conjunto de sistemas de apoio, e a sua opção espiritual será um dos pilares dessa estrutura.

Com o seu recém-encontrado espírito de abertura vem também um novo sentido de humildade. Você já experimentou a "embriaguez do poder". Na maioria dos locais de trabalho, o poder é um mito. Se você é daquele tipo sedento de poder e tem a tendência de querer controlar todo mundo, agora é hora de pisar no freio e compreender que o poder que experimentava era, na verdade, uma espécie de tirania sobre você e sobre aqueles à sua volta. Chegou o momento de encontrar substitutos para esse sentimento, atividades positivas às quais possa se dedicar e que lhe dêem o mesmo tipo de satisfação. Não será fácil nem vai acontecer de repente. Mas, se não se empenhar em reconstruir sua identidade, você ficará vulnerável a uma recaída nos velhos hábitos ditados pela sede de poder.

Eu me tornei mais ativo fisicamente, e, quanto melhor me sinto e aparento ser, mais ganho em auto-estima. Mas não deixe que os exercícios se tornem mais uma forma de competição, com você mesmo ou com os outros. Você deve realmente saborear a liberdade e a boa saúde proporcionadas pela atividade física – os frutos resultantes do esforço de tornar-se "completo" novamente.

Reconstruindo o vínculo com sua companheira ou seu companheiro

Se você se escondeu atrás do trabalho por qualquer período, inevitavelmente abandonou sua companheira ou seu companheiro. Mesmo que essa pessoa tenha aprendido a conviver com sua invisibilidade, ela costuma sentir-se solitária, desolada, sem qualquer identidade como parte de um casal.

A primeira atitude a tomar é admitir que você não tem se mostrado acessível, que você tem sido um homem invisível. E isso é muito difícil. Você se sentirá tentado a justificar seu comportamento, a atenuar tudo que ele tem de negativo. Não é fácil dizer: "Eu não tenho estado ao seu lado, desculpe. Deixei que o meu trabalho se tornasse mais importante do que você, desculpe. Você não somente merecia um companheiro de verdade como precisava de alguém com quem dividisse as tarefas. Mas deixei que ficasse com todo o trabalho pesado, desculpe." Nada disso vai ser uma informação surpreendente para sua companheira. Provavelmente, ambos já vão ter conversado sobre esses problemas ou, pelo menos, ela já terá reclamado antes do fato de você não estar por perto, ao seu lado. A novidade é você estar admitindo isso, desculpando-se por seu comportamento no passado e, em seguida, solicitando-lhe ajuda. Sempre ouvimos aquelas piadas sobre o fato de nós, homens, nunca pararmos para pedir informações quando estamos perdidos em alguma estrada. Não sei a razão, mas é difícil reconhecer que não podemos fazer algo sozinhos. Mas temos que pedir ajuda: por um lado, porque necessitamos realmente; por outro, porque nossas companheiras desejam saber que precisamos mesmo delas.

Você vai encontrar alguma resistência? Provavelmente, sim. Sua companheira não saberá como reagir – afinal, ela vem convivendo com essa situação há bastante tempo. Lembre-se: ela culpou a sua "carreira" e o seu trabalho pelo seu sumiço e por sua falta de interesse. O rabino e conselheiro conjugal M. Gary Neuman, autor de *Helping your kids cope with divorce the sandcastles way* (Ajudando seus filhos a lidar com o divórcio à maneira dos castelos de areia), fala de nossa tendência de desenvolver relacionamentos de maior intimidade no ambiente de trabalho. Você costuma repassar os e-mails divertidos que recebe para seus colegas no escritório, mas não para a sua mulher? Fica ao lado da máquina de café para bater papo com eles, mas se fecha num silêncio mal-humorado diante de sua esposa ao chegar em casa, só porque precisa de alguns momentos de paz e tranqüilidade? Se você tem economizado a maior parte dos seus investimentos emocionais para gastar com os colegas de trabalho e não com sua mulher, ela tem todo o direito de se sentir como se estivesse sendo traída, só que com o seu trabalho e não com outra mulher. Ela tem estado profundamente magoada, e vai levar tempo até que essa ferida se feche.

Tive realmente muita sorte em ter Wendy como companheira. Enquanto a minha inclinação é ser mais sonhador, ela tende a ser mais prática – e suas ponderações bem fundamentadas ajudaram a nos guiar através de um período bastante turbulento. Para mim foi muito difícil me abrir com Wendy e ouvi-la dizer em resposta como tinha se sentido abandonada e solitária. Mas fomos capazes de começar a falar e de continuar a conversar. Minha mulher sabia o quanto era difícil para mim reconhecer que necessitava de sua ajuda, e ela não bateu a porta na minha cara – e eu não a teria culpado se tivesse feito isso.

Talvez vocês venham a precisar da ajuda de um terapeuta de casal ou de um conselheiro conjugal se não conseguirem resolver o problema apenas com uma conversa a dois. Um profissional qualificado pode auxiliá-los a reconhecer os sentimentos um do outro e a criar um ambiente seguro para trazer à tona todas as emoções destrutivas que vêm se acumulando. Um bom conselheiro poderia falar com vocês separadamente e em sessões conjuntas, ajudando-os a construir pontes, até que estejam em terreno suficientemente sólido para caminhar sozinhos. Ironicamente, pode lhe ser mais fácil abrir-se com um estranho do que com sua própria companheira. Um conselheiro é por natureza imparcial, a terceira parte, a que não apresenta visões preconcebidas e cuja neutralidade pode auxiliá-lo a perceber os seus próprios preconceitos. Conheço muitos casais cujos relacionamentos foram salvos por aconselhamentos desse tipo.

As duas coisas de que sua companheira mais sente falta são o seu tempo e a sua atenção. O primeiro passo que eu o aconselho a dar é conseguir tempo para fazerem algo juntos. O objetivo, obviamente, é fugir do trabalho, mas, também em certa medida, afastar-se de casa.

Tente lembrar-se da época em que estava namorando sua mulher. Naquele tempo você ainda não a tinha conquistado definitivamente. Você dava um jeito de fazer planos para divertirem-se juntos. Essa é hora de voltar àquele estado de espírito dos tempos de namoro. Vá ao cinema ou à praia, passeie, visite velhos amigos, vizinhos ou parentes. Se tem filhos, lembre-se de que conseguir uma babá também é trabalho. Por que você não pega o telefone e faz isso? (Se você nem sequer sabe por onde começar, dê-se o trabalho de descobrir e assuma o compromisso consigo mesmo de desempenhar essa tarefa sempre que possível.) Assuma a responsabilidade de planejar uma escapada conjunta das pressões, tanto do trabalho quanto do lar. Se é impossível sair de casa, pelo menos desligue o telefone e o computador. Tenha uma noite em que estejam proibidas quaisquer interrupções. Não é preciso gastar um monte de dinheiro para ter uma noite fantástica: um vídeo e um jantar feito em casa (que tal você mesmo preparar?) podem proporcionar uma pausa nas pressões diárias.

Talvez tudo isso pareça muito fácil, muito pouco, mas mesmo

assim são maneiras simples de voltar a ter uma vida a dois com sua parceira.

Você também pode considerar essas idéias um tanto piegas e artificiais, forçadas e pouco românticas. Nesse caso, lembre-se de que já aprendeu que, se não planejar realmente esses momentos, eles simplesmente não acontecerão. Pare de valorizar tanto a espontaneidade. Sua companheira não vai se tornar sua prioridade número um se você não fizer um plano para que isso aconteça.

E, quando estiver com sua companheira, esteja realmente com ela. É preciso dar-lhe atenção. Se você se flagrar pensando em trabalho no meio de um encontro com sua mulher, não fique se recriminando, simplesmente afaste esses pensamentos e centre-se no que é importante. A verdade é que você não pode se dar o luxo de passar com ela todo o tempo de que gostaria. Volta e meia, a dura realidade do trabalho vai se interpor entre vocês. Seu objetivo é aproveitar o tempo que realmente tem para ela e mostrar-se acessível de verdade, tanto física quanto emocionalmente.

Assim como você sofrerá recaídas, lembre-se de que sua companheira também estabeleceu padrões de comportamento. E, ainda que ela queira que você melhore, tenha claro que, em última instância, a guerra que está sendo travada é sua. Você precisa ter cuidado para não demonstrar impaciência com sua mulher (ou com sua família e seus amigos) quando eles começarem a se perguntar o que aconteceu com a sua velha identidade de trabalhador frenético. É difícil mudar quando estamos rodeados de pessoas; e, às vezes, aqueles que mais amamos são os que mais têm dificuldade de se adaptar a essas transformações. Sua mulher pode ter investido um bocado de tempo num mundo diferente, com amigos e outras fontes de apoio – e talvez você não se encaixe nesse mundo. Sua meta é se integrar de modo mais pleno à vida que leva com sua companheira, respeitando, no entanto, os outros interesses e amizades dela.

É claro que aqueles que lhe são mais próximos desejam aceitar suas novas prioridades e, em última análise, eles festejarão essas mudanças. Lembre-se, porém, de que sua companheira passou por dias difíceis sem você, tanto em sentido literal quanto figurado. Todos têm andado atrás de você, corrigindo seus erros, desculpando-se com os outros em seu nome e levado uma vida emocionalmente árida de um modo geral. Dê-lhes tempo para se adaptar – você também vai precisar de tempo para mudar.

Reconstruindo os vínculos com seus filhos

Uma das maiores mudanças em que me empenhei foi tentar conhecer meus filhos como pessoas, não como coisas por cuja manutenção e sustento eu era o responsável. Isso exigiu bastante trabalho, uma vez que, como disse anteriormente, Michael e Ross há muito já tinham aprendido a não contar comigo como um pai acessível. Eles recorriam à mãe para praticamente tudo. Eu não era capaz de dizer quais eram os professores deles; às vezes, nem mesmo em que série estavam. Tenho certeza de que não conseguiria dizer o nome de todos os seus amigos. Deixava que Wendy fizesse todas as compras relativas ao Natal e aos aniversários deles. A ela cabia planejar todas as festas e todos os encontros com os amigos. Quando, finalmente, decidi examinar com atenção o quanto sabia, não sobre a rotina deles, mas sobre quais seriam seus sonhos e esperanças, fiquei envergonhado ao descobrir o quanto tinha me escapado.

Pouco a pouco, conseguimos reconstruir nossos vínculos. Uma das melhores maneiras de se reintegrar à vida dos seus filhos é se envolver nas suas atividades. Ross é um meteorologista em formação; Michael é um amante do rock e criador de videogames. Ross e Mike se divertem jogando juntos, e eu gosto de acompanhá-los, embora não ache que algum dia vá vencer um dos dois. Ross também toca oboé numa orquestra sinfônica juvenil. Vou a todos os seus concertos e tento assistir ao maior número de ensaios que posso. Sinto-me incrivelmente orgulhoso do que ele tem conseguido realizar. E a grande diferença entre agora e a época daqueles concertos da escola é que hoje não me pego louco para ir embora, olhando para o relógio a todo momento. E, certamente, não faço com que Wendy use um carro separado para que eu possa chegar em casa dez minutos mais cedo!

Michael e eu gostamos de jogar cartas, conversar sobre política e assistir a filmes. Ele é inteligente e tem uma personalidade forte. É um iconoclasta que adora aventuras, desafios e idéias. Seu caminho pela vida será completamente diferente do que eu trilhei – não vai ser de jeito nenhum linear. Será fascinante ver aonde o seu tempo e talento o levarão.

Um de meus maiores desafios tem sido aprender a ouvir, ouvir de verdade, os meus filhos. Compreendi que, inconscientemente, havia levado minhas expectativas do ambiente de trabalho para casa e que encarava a atividade de cuidar das crianças com padrões e modelos que podiam fazer muito sentido no escritório, mas que nada tinham a ver com a vida em família. Precisei aprender que, muitas vezes, quando meus filhos falavam comigo, eles não estavam me procurando para que eu resolvesse seus problemas. Só queriam algum reconhecimento e alguém que os ouvisse com simpatia. Tive que aprender a encontrar os ritmos dos meus filhos e trabalhar de acordo com eles, em vez de ficar impondo o meu passo. Diariamente, eles me ensinam a importância de termos paciência.

Uma das revelações mais comoventes que ouvi de meus filhos foi a de que o tempo todo em que eu estava dando duro para proporcionar-lhes mais bens materiais eles nem os queriam de fato. Na realidade, os sinais da minha riqueza os deixavam constrangidos. Eu até comprei um BMW para Michael quando ele fez dezesseis anos (ainda que tenha me arrependido depois e evitado comprar um carro para Ross). Mais tarde, vim a saber que eles não gostavam que eu os levasse no meu Mercedes-Benz novinho em folha. Eles imploravam que os deixasse na porta dos fundos da garagem de um de seus amigos para que ele não visse como o pai deles era exibido. Eu praticamente tinha me escravizado para comprar aquela casa maravilhosa e, por fim, descobri que meus filhos às vezes relutavam em levar os amigos para brincar lá. Eles se sentiam constrangidos com aquela ostentação de riqueza. O que poderia ser mais irônico do que isso?

Ross finalmente me disse com todas as letras: "Você não tem que repetir o que o seu pai fez. Não queremos que faça isso." Minha família se mostrou extremamente compreensiva pelo fato de eu ter caído tão fundo no mesmo buraco do homem invisível em que meu pai se enfiou. Foi por causa do amor deles que consegui sair desse poço.

Como pai de dois garotos, não me sinto capacitado a falar sobre as necessidades diferentes que ditam a relação entre pai e filha. Fiquei, por isso, feliz em descobrir uma associação chamada Dads and Daughters (Pais e filhas), que defende o seguinte princípio: "Que nossas filhas possam confiar em nós, de modo que elas possam confiar em si mesmas." A associação tem um maravilhoso questionário para ajudar os pais a avaliar em termos mais precisos a extensão do envolvimento com suas filhas. Se esse é o seu caso, responda ao seguinte teste:

Como estou me saindo como pai da minha filha?

Para ter uma idéia de em que medida a relação com sua filha pode ser melhorada, responda às seguintes perguntas do modo mais honesto possível, usando os termos freqüentemente, às vezes ou quase nunca.

Freqüentemente = 1 Às vezes = 2 Quase nunca = 3

1. Conheço o nome das suas três melhores amigas.
   1 2 3

2. Levo minha filha à escola.

1 2 3

3. Ofereço-me para ajudá-la em atividades extra-escolares.

1 2 3

4. Conheço os objetivos da minha filha.

1 2 3

5. Faço comentários com ela sobre o peso da minha mulher.

1 2 3

6. Pratico atividades físicas com minha filha.

1 2 3

7. Preparo o jantar para a minha família.

1 2 3

8. Visito a escola da minha filha em dias de aula.

1 2 3

9. Levo minha filha para trabalhar comigo.

1 2 3

10. Converso com ela sobre como lidar com dinheiro.

1 2 3

11. Passo meia hora sozinho com minha filha fazendo algo de que nós dois gostamos.

1 2 3

12. Converso com outros pais sobre os problemas de se cuidar de crianças.

1 2 3

13. Converso com outros pais sobre como cuidar das filhas.

1 2 3

14. Restrinjo as atividades da minha filha para protegê-la.

1 2 3

15. Converso com ela sobre publicidade.

1 2 3

16. Digo-lhe quais são seus pontos fortes.

1 2 3

17. Faço comentários sobre o peso da minha filha.

1 2 3

18. Sei em que projetos da escola ela está trabalhando.

1 2 3

19. Protesto contra imagens negativas das meninas apresentadas pela mídia.

1 2 3

20. Vejo material pornográfico.

1 2 3

21. Participo de grupos de pais.

1 2 3

22. Grito com a mãe da minha filha.

1 2 3

23. Sugiro que minha filha faça uma dieta.

1 2 3

24. Eu me oponho quando outros sugerem que minha filha faça uma dieta.

1 2 3

25. Converso com minha filha e deixo que fale mais do que eu.

1 2 3

26. Sei o que preocupa minha filha no momento.

1 2 3

27. Sei quantos inspetores na sua escola são mulheres.

1 2 3

28. Li as regras de sua escola que definem o que é assédio sexual.

1 2 3

29. Tento ensinar aos jovens a respeitar as meninas.

1 2 3

30. Conto à minha filha histórias sobre meus tempos de juventude.

1 2 3

Total de pontos ________

Se você marcou:

30 a 35: O relacionamento com sua filha parece ser bastante sólido.

36 a 45: Você parece ter construído uma base sólida, mas pode melhorar seu relacionamento em alguns aspectos.

46 a 60: Provavelmente precisa dar alguns passos para repensar suas atitudes e descobrir maneiras de aprofundar o respeito entre vocês dois.

61 a 90: É hora de pensar em promover uma mudança séria. Suas ações e atitudes podem estar minando a confiança de sua filha.

Como minha filha acha que estou me saindo como pai?

Agora, passe o questionário à sua filha para que ela responda às mesmas perguntas, baseando-se no modo como ela mesma percebe o seu comportamento como pai. Então, troquem as respostas e discutam os resultados. Talvez você fique espantado com o que virá à tona.

Protegendo os filhos de uma relação doentia com o trabalho

Ao tentarmos conhecer melhor nossos filhos, podemos recuperar a oportunidade de sermos bons modelos para eles em termos de comportamento, transmitindo-lhes valores que vão ajudá-los a não cair nas armadilhas que conhecemos tão bem. Podemos começar ensinando às nossas crianças que há coisas mais importantes do que tirar boas notas, ser capitão do time ou um músico de destaque na orquestra da escola. As expectativas que depositamos sobre os ombros de nossos filhos podem ser exageradas, e temo que estejamos criando uma nova geração de workaholics.

Todos nós comentamos a enorme carga de trabalho escolar que as crianças levam para casa. Conte que seu filho estuda vinte minutos à noite e um amigo vai lhe dizer que os filhos dele estudam no mínimo uma hora. Ou duas. Gabar-se de como os filhos dão duro nos estudos transformou-se numa espécie de competição esportiva doentia.

Tudo é dito num tom de quem está contando vantagem, ainda que discretamente, como se os filhos fossem uma imagem refletida dos próprios pais. É como se estudar horas noite adentro – todas as noites – fosse um sinal de extrema virtude.

É muito fácil cair nessa armadilha. Diga a si mesmo que, para você, as notas de seu filho são menos importantes do que o fato de ele ser feliz. E, então, avalie sua temperatura emocional na próxima vez em que outro pai lhe contar que o filho dele tirou dez numa porção de provas, ou que entrou para um programa destinado a alunos com desempenho excepcional, ou que passou no vestibular de uma grande universidade. Ficou honestamente feliz por eles ou sentiu uma pontada de inveja? Reflita sobre a sua reação e observe você mesmo para saber se está transmitindo realmente a seu filho os valores que deseja que ele abrace. Você pode estar incentivando-o a valorizar a bondade, o sentido de comunidade e as relações afetivas acima de tudo. Mas se, ao mesmo tempo, estiver contratando professores particulares, cortando privilégios quando ele tem notas menos que excepcionais e centrando todas as suas conversas em desempenho, então estará lhe emitindo sinais contraditórios. E essa mensagem pode levar seu filho a manter uma relação distorcida com o trabalho.

Temos de mostrar aos nossos filhos que realmente vivemos segundo os nossos princípios, se queremos que eles adotem mesmo esses valores. Honrar sua família acima de tudo é fazer isso tanto por meio de palavras quanto de atos: é isso que dá força à mensagem que desejamos transmitir.

Reconstruindo os vínculos com seus amigos

Esse tem sido um teste difícil para mim – retomar o contato com velhos amigos e tentar fazer novas amizades. O primeiro impulso quando homens se vêem depois de um longo afastamento é falar sobre o trabalho. Parece ser o jeito preferido de se começar qualquer tipo de conversa.

Certa vez, encontrei um amigo com quem havia tido grande intimidade tempos atrás. Não conversamos sobre seu trabalho como médico nem sobre a minha agência literária. Falamos das filhas dele e dos meus filhos. Falamos de música, de filmes. E, durante toda a conversa, eu tive consciência de que estávamos evitando os temas ligados a trabalho. Mas gostei muito de estar com ele. Senti um certo alívio por não ter que mencionar meu trabalho, e foi bom botar em dia assuntos que eram importantes para nós dois.

Também fiz algo que me ajudou muito: passei a freqüentar um grupo de discussão formado por homens com mais ou menos a mesma idade e condição social. Eu havia sido convidado a participar desse grupo há muitos anos por alguém com quem trabalhava. Na época pensei: "Que perda de tempo. Todos esses caras sentados jogando conversa fora sobre o trabalho deles ou sobre suas esposas." Não sabia qual das duas opções era a pior, mas tinha certeza de que aquilo não era para mim. Bem, não podia estar mais equivocado.

Alguns desses "grupos de homens" tiveram origem em reuniões dos Alcoólicos Anônimos ou em terapias de grupo, com indivíduos que se conheciam por freqüentarem a mesma igreja ou por terem ligações de família. O meu grupo é composto por dez homens, todos casados. Temos muitas experiências em comum e há um verdadeiro sentimento de fraternidade entre nós. Nossas semelhanças são maiores do que nossas diferenças. Isso, aliás, é verdade a respeito de todas as pessoas sobre a face da Terra, mas é um conceito estranho aos viciados em trabalho, que costumam se considerar "diferentes" ou "lobos solitários".

Realmente gosto de me encontrar com eles. Rimos muito, contamos histórias, alguns falam de trabalho (mas fazemos isso o mínimo possível, a não ser que um de nós precise de consolo ou de uma opinião). Começamos a planejar viagens que possamos fazer juntos e com nossas esposas. E essa é a melhor parte: todos nós somos "bem-sucedidos", mas temos histórias pessoais incrivelmente diferentes – nossas experiências de vida de algum modo nos aproximaram, mas adoro saber como, de maneiras diversas, cada um daqueles homens chegou à mesma situação que eu.

Nem todo mundo se adapta a esse tipo de experiência de grupo. Tudo bem. Você também pode voltar a investir em velhas amizades. E, antes que diga a frase fatídica que todos nós já repetimos dez milhões de vezes – "Vamos tentar nos ver um dia desses depois do trabalho ou no fim de semana" – e que nunca pomos em prática, compreenda que você pode, sim, transformar essa intenção em algo concreto. Não é necessário nenhum milagre nem é preciso reservar para isso uma noite inteira ou todo um fim de semana. Sem dúvida, será bom sair de dentro de si mesmo para saber o que se passa na cabeça de outra pessoa. É algo enriquecedor, divertido, interessante, e ajuda a criar uma pessoa multidimensional e mais humana – você.

Reconstruindo o vínculo com sua comunidade

Uma forma segura de arejar suas idéias e deixar de ser tão centrado em si mesmo é trabalhar como voluntário numa igreja, num hospital, numa escola, num abrigo ou em qualquer outra instituição que precise de mãos, braços e corações. Livre-se da idéia de que os esforços de uma só pessoa não podem fazer diferença e de que essas tentativas são perda de tempo.

Comecei a trabalhar como voluntário num hospital. Levo livros e revistas para pacientes e pessoas na sala de espera. Consulto os doentes para saber se precisam de alguma coisa. Nada disso vai me tornar candidato ao Prêmio Nobel da Paz, mas faz com que me sinta muito bem. É algo pequeno; contudo, ajuda realmente alguém e me permite estar ligado à minha comunidade. Também me ofereço para falar em conferências de escritores e editores. Além de ser uma atividade intelectualmente estimulante, lembra-me de por que decidi entrar nesse negócio.

Convide seus amigos e pessoas da sua família para trabalhar como voluntários também. É algo excitante, mas de uma excitação saudável. Tem tudo a ver com o sentimento de fazer parte de alguma coisa.

Várias pesquisas científicas já demonstraram que desenvolver uma tarefa comunitária proporciona benefícios à saúde. Homens que mantêm vínculos com a família, os amigos e a comunidade têm menos probabilidade de sofrer ataques cardíacos e apresentam melhor qualidade de vida. É claro que o benefício em termos de saúde é ótimo, mas faça isso pela simples razão de que vai lhe propiciar mais alegria do que você pode imaginar.

Liberdade e tirania

Pode ter certeza de que você se sentirá tentado a voltar à antiga vida que levava. Essa será inclusive a expectativa de algumas pessoas em relação ao seu comportamento: "Muito bem, já se curou desse resfriado. Agora, de volta ao trabalho." Espere por esse tipo de atitude e prepare-se para enfrentá-la.

Estou convencido de que a qualidade do meu trabalho melhorou bastante – raramente resvalo para aquele tipo de comportamento frenético dos velhos tempos: apagar incêndios o dia todo, ficar me defendendo por não ter terminado uma tarefa. Ver que eu mudei faz com que me sinta melhor. E não estou mais tão estressado, irritado ou deprimido. Também percebi que as coisas me parecem mais fáceis – não me sinto mais como Sísifo, empurrando todo dia a mesma pedra até o topo da montanha. E venho sendo encorajado pela minha família e por meus amigos e colegas de trabalho. Trata-se de um sentimento fantástico, libertador. Lembre-se de manter uma atitude positiva.

Quando estava atolado até o pescoço na minha dependência em relação ao trabalho, tinha o hábito de elaborar extensas listas de "coisas a fazer" – todas ridículas e cheias de tarefas que eu tinha que executar num mês inteiro. Ao olhar para elas, costumava entrar em pânico. Havia tanto a fazer (às vezes, mais do que muitas pessoas realizariam em um ano) e nenhum tempo para isso! Atualmente ainda uso tais listas, mas as simplifico ao máximo e as restrinjo a um único dia. Também tento organizá-las de modo que os primeiros tópicos nem sejam ligados a trabalho. Entre minhas tarefas pode estar telefonar para minha mulher para bater papo ou levar meus filhos ao cinema num dia de semana. Porém, o mais importante é centrar minha atenção no dia em questão e não deixar que a dinâmica do trabalho se sobreponha ao ritmo natural da minha programação.

É inevitável que, de vez em quando, você se veja arrastado de volta aos antigos padrões de comportamento. Sempre existirá um "projeto especial" ou a necessidade de cobrir a falta de um colega. Não reaja a essas situações com uma dedicação obsessiva, mas com flexibilidade.

Recuse-se a ser vítima da tirania da liberdade. Quando nos sentimos livres, sem nenhum fardo nos ombros ou com tempo disponível, nós, que estamos em "processo de recuperação", não devemos nos deixar dominar por esse tempo. Esses são conceitos contraditórios e têm que ser entendidos exatamente assim. Lembre-se das suas recém-descobertas prioridades e comece a apreciar a liberdade que elas lhe proporcionam. Como disse, de forma bastante sensata, a Dra. Anne Wilson Schaef: "Vida significa viver um processo. A vida é fluida. Vida é mudança."

Correndo o risco de parecer pessimista ou puritano, devo adverti-lo das tentações representadas por outras formas de fuga. Quando estamos nos libertando da compulsão ao trabalho, pode ser que procuremos apoio nas drogas, no álcool ou no sexo. Mas precisamos ter consciência de que também há perigo em cada uma dessas opções. Será que temos que nos transformar em jesuítas para levarmos uma vida saudável? Claro que não. Mas, se você estiver tomando dois drinques por noite para descarregar a ansiedade provocada pelas horas a mais que está passando em casa, então não está tão curado quanto pensa.

É um longo, longo caminho. Lembre-se sempre disso porque esse fato facilita o processo. Da mesma forma que o primeiro reconhecimento de que você está doente representa o primeiro passo para melhorar, ver claramente a longa e dura estrada que tem pela frente vai ajudá-lo a aceitar a sua recuperação com tudo o que ela tem de difícil.

Fiz bastante progresso, mas com certeza não sou totalmente imune a recaídas em velhos hábitos. Às vezes, me pego saindo de uma reunião de família só para checar meu e-mail. A quem estou tentando enganar? Não estou esperando por um doador de rim nem por um aviso da Receita Federal sobre a devolução do imposto de renda. A American Express costuma me mandar sua luxuosa revista que anuncia opções de férias extraordinárias – e também extraordinariamente caras. E eu costumo me pegar dizendo à minha mulher: "Acho que daria para pagar esse pacote se fechássemos aquele novo negócio." É claro que a necessidade de pagar a faculdade dos meus filhos pode me levar a mergulhar no trabalho num milésimo de segundo. Tento não ser tão materialista, mas, então, vejo um modelo recém-lançado da Mercedes-Benz e penso comigo mesmo: "Tenho que ter um destes." É preciso um bocado de força de vontade para dizer não a todos esses "tenho que ter" isso ou aquilo, o que ainda exige de mim um grande esforço.

Ria de você mesmo quando sentir que está tendo uma recaída – ainda que muito leve –, mas não se esqueça de que "é preciso apenas um gole para esvaziar a garrafa".

Integração

Conciliar as diferentes áreas da nossa vida pode ser difícil. Já nos habituamos de tal modo a acumular tarefas, que não é fácil tirar o pé do acelerador para dar plena atenção a uma coisa de cada vez. Para criar algo remotamente parecido com um equilíbrio, precisamos saber a hora de mudar de marcha.

Adequar nossos dias ao divertimento, à recreação e à interação social, seja lá o que queiramos fazer que esteja inteiramente desvinculado do trabalho, nos conduzirá a uma vida mais longa, a um casamento melhor ou a um relacionamento mais satisfatório. Estabeleceremos amizades mais sólidas e uma relação mais recompensadora com nossos filhos, além de, provavelmente, termos um número muito menor de conflitos íntimos. Quando deixarmos para trás o mito de que trabalho significa virtude, teremos tempo para viver vidas mais plenas, sem medo do fracasso, do arrependimento, da raiva e do ressentimento.

Um de seus maiores sucessos acontecerá no dia em que você pensar no tempo que passou no trabalho e der de ombros. "Como é que foi o dia no trabalho?", alguém vai perguntar. E sua resposta, sem pensar muito, será: "Foi só um dia." Nenhuma necessidade de exagerar os dramas das batalhas diárias nem de se vangloriar de façanhas. Essa atitude não quer dizer que você esteja sendo negligente ou que não esteja mais trabalhando como deveria – significa simplesmente que não está mais carregando o trabalho sobre os ombros o dia inteiro.

E você também não precisa passar a ter pavor do trabalho. Para muitos de nós, o que nos meteu nessa encrenca em primeiro lugar foi o fato de considerar o trabalho divertido. O trabalho nos deu ânimo, um impulso. Podemos recuperar esse ânimo, contanto que não fiquemos dependentes dele. Eu percebo que ainda adoro fechar negócios, assinar contratos com clientes e ajudar autores na publicação de seus livros. O fato de eu ser um workaholic em processo de recuperação não quer dizer que tenha que ficar com medo de fazer o meu trabalho. Mas, cada vez que fecho um negócio, eu lembro a mim mesmo que não vivo para assinar contratos e que fazer isso é o modo de pagar por todas as outras coisas que são tão importantes para mim.

Sair para pescar

Eu costumava mentir para as pessoas quando estava para tirar férias. Tinha tanta certeza de que fazer isso era algo frívolo, um indício de fraqueza, que nunca admitia nem o fato de que eu queria a folga, nem de que precisava dela. Também me preocupava em estar sempre acessível, pois me afligia a possibilidade de estar "perdendo" alguma coisa. Hoje, tenho a cabeça no lugar.

Mesmo em férias, eu costumava ligar para o escritório (às vezes, escondido) várias vezes por dia. Sempre na expectativa de ocorrer uma catástrofe relacionada ao trabalho, eu não conseguia me desligar. Pouco a pouco, ao longo de vários anos, comecei a tirar algum tempo de folga de verdade. Em alguns casos, isso significou ir para locais distantes, onde não havia telefone, televisão ou rádio. Os resultados têm sido incríveis. Levo alguns livros e minha família. Ponto. E passei a curtir cada vez mais essas viagens. Aprendi a dormir melhor. Consegui conhecer ainda mais os meus filhos.

Durante umas férias do meio do ano letivo dos nossos filhos, fomos para o Havaí, para Kauai e Big Island. Apaixonamo-nos pelo lugar. Aproveitamos ao máximo nossos oito dias. Mas, na véspera de voltarmos para o continente, olhamos uns para os outros e dissemos: "Precisamos de mais uma semana." E nós a tiramos. Não senti nenhuma sombra de tensão, mas alívio. Sabia que o escritório continuaria lá, no seu lugar, com seus problemas e sucessos. Da casa também estavam tomando conta. E eu precisava de mais aquele tempo; por isso, nem por um segundo tive a sensação de que não devia ter tirado aquela outra semana de folga. Acho que eu, minha mulher e meus filhos jamais vamos nos esquecer daquela preciosa semana extra que nos demos de presente. Quando voltamos para casa, estávamos felizes, descansados e na nossa melhor forma. Você precisa reivindicar algum tempo de descanso e reconhecer que isso é uma necessidade, algo tão essencial para a sua saúde e bem-estar como o ar e a comida. Não é preciso voar até o Havaí: seu refúgio pode estar no sítio de algum amigo, em alguma pousada rústica ou até no seu próprio quintal. O objetivo é fazer uma pausa no trabalho para reafirmar que este é o motivo pelo qual você trabalha.

Cheguei à conclusão de que, quanto mais tempo de folga tiramos, mais eficientes nos tornamos. Ficamos mais satisfeitos, mais criativos e vigorosos. A grande ironia no homem que confunde seu trabalho com a vida é que ele não cria vida nenhuma no seu trabalho.

O objetivo de todo esse esforço para me abrir, para falar dos meus problemas, é mostrar que você também pode quebrar o círculo vicioso da dependência em relação ao trabalho. Não acontece do dia para a noite e não é como largar o álcool. Também não é uma questão de tudo ou nada. Se você já foi um workaholic, vai carregar essa tendência pelo resto da vida.

À medida que for desenvolvendo ou redescobrindo atividades que o atraiam, como viajar, colecionar objetos ou ler por puro prazer, crie o hábito de se perguntar todas as manhãs: "O que eu realmente gostaria de fazer hoje?" Isso não tem nada a ver com fantasia. Não estou falando de mergulhar na cama com a Nicole Kidman. Estou falando na possibilidade de você realmente aproveitar uma parte do seu dia, todos os dias. Estou me referindo a dividir sua carga de trabalho e não se deixar dominar pela agenda no escritório. A essa altura espero que já saiba que isso não vale a pena.

Eu me dei um presente, mas contei com muita ajuda. Passei a conhecer melhor meus filhos, minha mulher e meus amigos – alguns antigos, outros novos. E todos os dias tento dizer adeus a quem eu era e aos motivos que me faziam ser daquele jeito.

Aproveite sua viagem de volta para casa.

APÊNDICE

OS DOZE PASSOS DOS WORKAHOLICS ANÔNIMOS

Talvez você já fique de pé atrás só por ler as palavras "doze passos" e pense que nada tem a ver com elas. Você associa todos esses programas na linha "doze passos" com os Alcoólicos Anônimos e com bobagens relacionadas aos modismos *new age*.

Antes que descarte tão apressadamente este programa, olhe com mais atenção para o que ocorre no seu íntimo. Como agente literário, trabalho com muitos autores que se especializaram em pesquisas sobre comportamentos de dependentes, e eles confirmam que muitos dos que se tornam escravos do trabalho têm também outros vícios, como os relacionados ao álcool, às drogas, ao sexo e até a exercícios físicos. Considere seu caso com atenção. Depois de um longo dia no escritório, você precisa de uns drinques para relaxar? Alguma espécie de remédio ou droga? Tenta repetir atitudes que emprega no local de trabalho em outras situações e atividades? Isso não é algo que possa ser aferido com facilidade. Como disse antes, não é que um número X de drinques faça de você um alcoólatra e um número Y, não. Trata-se de refletir cuidadosamente sobre como e por que você costuma adotar certos comportamentos e se tem ou não o real controle de si mesmo.

Não fique preocupado com rótulos. Tudo isso é apenas para ajudar você a se ajudar.

Mesmo que não se veja como um viciado em outros comportamentos, examine, a seguir, os doze passos adotados pela organização Workaholics Anônimos. Eles podem ser de grande ajuda no seu esforço para alcançar mais equilíbrio e prazer na vida. Como em qualquer programa na linha doze passos, os Workaholics Anônimos começam por desafiá-lo a reconhecer que você tem um problema, a assumir plena responsabilidade por ele e a procurar ajuda.

1. Reconhecemos que fomos impotentes diante da nossa compulsão ao trabalho e que não conseguimos mais administrar nossa vida.
2. Chegamos à conclusão de que uma força maior do que a nossa é capaz de restaurar nossa sanidade mental e física.
3. Tomamos a decisão de entregar nossa vontade e nossa vida nas mãos de Deus, da forma como O compreendemos.
4. Realizamos uma profunda e corajosa avaliação moral de nós mesmos.
5. Admitimos diante de Deus, de nós mesmos e de outras pessoas a exata natureza dos nossos erros.
6. Estamos absolutamente prontos para que Deus elimine todos esses defeitos do nosso caráter.
7. Humildemente nós Lhe pedimos que acabe com nossas deficiências.
8. Fizemos uma lista de todas as pessoas que prejudicamos e estamos dispostos a reparar os danos que lhes causamos.
9. Nós nos retratamos diante dessas pessoas sempre que possível, exceto quando fazê-lo significa causar mágoa a elas ou a mais alguém.
10. Continuamos a nos auto-analisar e, sempre que cometemos erros, nós prontamente os admitimos.
11. Por meio de orações e da meditação, procuramos aprimorar nosso contato consciente com Deus, como O entendemos, orando apenas pelo conhecimento da Sua vontade e da força para atendê-la.
12. Tendo experimentado um renascimento espiritual como resultado destes passos, tentamos levar esta mensagem

aos workaholics e pôr em prática estes princípios em todos os aspectos de nossa vida.

Se você não acredita em Deus, substitua-O por qualquer outro conceito que lhe pareça autêntico: o apelo a uma força superior, ao inconsciente coletivo ou à melhor, a mais elevada parte de si mesmo.

Para tentar pôr em prática esses doze passos, também achei incrivelmente úteis as orientações a seguir, extraídas do folheto *Tools of workaholics anonymous* (Os recursos dos workaholics anônimos), publicado pela Editora da Universidade de Nova York (NYP). Recomendo que a lista seja relida todos os dias. Ao tentar aplicar seus princípios, não se recrimine demais caso incorra em algum deslize. Isso acontece com todos nós. Levou muito tempo para que você chegasse ao ponto em que estava – vai levar um pouco mais para você melhorar. Seja paciente consigo mesmo.

Os recursos dos Workaholics Anônimos

Ouvir. Todos os dias reservamos um tempo para fazer orações e meditar. Antes de aceitarmos qualquer compromisso, recorremos à Força Superior e aos nossos amigos em busca de conselhos. Devemos nos lembrar de que não podemos lutar contra o vício sozinhos – precisamos estabelecer vínculos positivos a cada dia.

Priorizar. Decidimos o que é mais importante e o que deve ser feito primeiro. Às vezes, isso pode significar não fazer nada. Nós nos esforçamos para sermos flexíveis diante dos acontecimentos, reorganizando as prioridades à medida que isso se mostra necessário. Entendemos as interrupções e os fatos acidentais como oportunidades para crescermos. Quando uma porta se fecha, outra se abre. Precisamos nos manter abertos e prontos para novas e criativas oportunidades que surjam em nossa vida.

Substituir. Não acrescentamos uma nova atividade às nossas tarefas sem antes eliminarmos da programação algo que nos exija exatamente o mesmo em termos de tempo e energia. Precisamos considerar e analisar tarefas que podem ser descartadas ou postas em segundo plano em benefício de outras mais prementes. Devemos ser flexíveis.

Não sobrecarregar. Reservamos mais tempo do que julgamos necessário para realizar uma tarefa ou fazer uma viagem, estabelecendo uma margem confortável para lidar com o inesperado. Na vida, devemos contar sempre com o inesperado. Quando dominados pela nossa doença, não devemos nos deixar aprisionar pelo calendário e pelos compromissos, mas nos manter abertos ao acaso.

Divertir-se. Reservamos um tempo para a diversão e nos recusamos a trabalhar continuamente, sem interrupção. Não transformamos a diversão em mais um projeto de trabalho. Atividades como fazer consertos em casa ou arrumar quinquilharias guardadas na garagem não devem ser nunca consideradas divertimento.

Concentrar-se. Tentamos realizar uma atividade de cada vez. Sobrepor tarefas é algo totalmente desaconselhável, a não ser que se trate de dormir e respirar.

Ritmo. Trabalhamos num ritmo confortável e descansamos antes de ficarmos esgotados. Para lembrarmos a nós mesmos dessa necessidade, verificamos sempre nosso nível de energia antes de darmos início à atividade seguinte. Não nos deixamos enganar pelo nosso trabalho. Sob o pretexto de relaxar, não podemos permitir que sejamos conduzidos por outros comportamentos autodestrutivos – como, por exemplo, o uso de álcool e drogas. Para relaxarmos, não precisamos recorrer a substâncias sintéticas.

Descontrair. Não nos rendemos à pressão nem tentamos pressionar os outros. Continuamos atentos a pessoas e situações capazes de nos deixar tensos. Nós nos tornamos conscientes dos nossos próprios atos, palavras, sensações corporais e sentimentos que demonstram que estamos nos sentindo pressionados. Quando experimentamos tensão, perdemos o vínculo com a Força Superior e com os outros à nossa volta. Num ambiente que estimula a compulsão ao trabalho, o vício de um alimenta o do outro. Esta é uma mensagem muito importante num mundo particularmente tenso como o de hoje, no qual predomina a mentalidade do "quero isso já, agora" e do "isso precisa absolutamente, impreterivelmente, estar lá pela manhã".

Aceitar. Aceitamos o fruto de qualquer esforço, sejam quais forem o resultado e o tempo que tenha exigido. Sabemos que impaciência, pressa e insistência em obter resultados perfeitos apenas atrasam o progresso de nossa recuperação. Nós nos mostramos compreensivos em relação aos esforços e tentativas que realizamos, porque sabemos que nosso novo modo de vida exige bastante prática. Juízos severos demais, tanto nossos quanto alheios, somente retardam o avanço que estamos obtendo. Sabemos que a perfeição ocorre unicamente na natureza, não no nosso local de trabalho.

Pedir. Reconhecendo nossas fraquezas e erros, pedimos ajuda à Força Superior e aos outros. Como viciados em trabalho, não temos o hábito de pedir nada – ajuda é uma palavra que não consta do nosso vocabulário. Quanto maior a freqüência com que você pedir ajuda, mais livre vai se sentir.

Encontros. Freqüentamos as reuniões dos Workaholics Anônimos para saber como funciona esse fórum de solidariedade e para partilhar nossas experiências, nossa força e nossa esperança. Você não pode vencer essa batalha sozinho – precisa lutar em casa e ao lado de outros viciados como você. Esse é um sistema baseado no companheirismo – e funciona.

Telefonar. Usamos o telefone para ficar em contato com os integrantes do grupo entre uma reunião e outra. Costumamos nos comunicar com amigos dos Workaholics Anônimos antes e depois de alguma tarefa importante relacionada ao trabalho. Às vezes, durante essas conversas, podemos nos sentir como se estivéssemos num buraco, ouvindo alguém fazer um sermão do alto de um penhasco. Há o grande risco de cairmos nos velhos padrões de comportamentos autodestrutivos quando temos uma tarefa particularmente difícil a enfrentar no mundo do trabalho.

Equilíbrio. Tentamos conciliar nosso envolvimento com o trabalho com um esforço para desenvolver relacionamentos pessoais e estimular o crescimento espiritual, a criatividade e atitudes divertidas. Uma mente mais livre, menos sobrecarregada, é um ambiente ideal para o surgimento de idéias novas e brilhantes – é um lugar onde trabalho de boa qualidade pode prosperar.

Servir. Estamos sempre prontos a levar nossa ajuda a outros workaholics, conscientes de que o apoio dado a alguém enriquece a qualidade da nossa própria recuperação. Não adianta ser o único homem saudável numa colônia de leprosos; precisamos ajudar os outros – essa é a nossa vontade, e vamos desejar nos envolver ao percebermos o sofrimento provocado pela dependência em relação ao trabalho.

Viver no presente. Compreendemos que estamos onde a Força Superior quer que estejamos – no aqui e agora. Tentamos viver cada momento com serenidade, alegria e gratidão.

Workaholics Anonymous
World Services Organization
P.O. Box 289
Menlo Park, CA 94026-0289
Site não-oficial: http://people.ne.mediaone.net/wa2/

REFERÊNCIAS BIBLIOGRÁFICAS

Os livros listados a seguir podem ajudá-lo a romper o círculo vicioso da dependência em relação ao trabalho.

AMEN, Daniel G., M.D. *Mude seu cérebro, mude sua vida.* São Paulo: Mercuryo, 2000.

BEATTIE, Melody. *Co-dependência nunca mais: pare de controlar os outros e cuide de você mesmo.* Rio de Janeiro: Record: 2002.

GLEICK, James. *Acelerado – A velocidade da vida moderna.* Rio de Janeiro: Campus, 2000.

GOLEMAN, Daniel. Ph.D. *Inteligência emocional.* Rio de Janeiro: Objetiva, 1997.

_____. *Trabalhando com a inteligência emocional.* Rio de Janeiro: Objetiva, 1999.

GOTTMAN, John M., Ph.D., e SILVER, Nan. *Sete princípios para o casamento dar certo.* Rio de Janeiro: Objetiva, 2000.

MOYERS, Bill D. *A cura e a mente.* Rio de Janeiro: Rocco, 1995.

CONHEÇA OUTROS TÍTULOS
DA EDITORA SEXTANTE

Stephen Covey

Princípios essenciais das pessoas altamente eficazes

Com mais de quinze milhões de exemplares vendidos em todo o mundo, *Os 7 hábitos das pessoas altamente eficazes* se tornou um dos livros mais influentes dos últimos tempos.

Para iluminar os princípios dos 7 hábitos, Stephen Covey reuniu nesse livro a sabedoria de grandes pensadores, idéias inspiradoras que podem nos ajudar a realizar nosso potencial, influenciando positivamente o resultado de cada dia.

John C. Hunter

O monge e o executivo

John Daily é um executivo bem-sucedido que, de repente, percebe que vem fracassando como chefe, marido e pai. Em busca de um novo caminho para sua vida, ele decide participar por uma semana de um retiro num mosteiro beneditino.

Lá encontra Leonard Hoffman, um dos mais influentes e bem-sucedidos empresários americanos que resolveu largar tudo para ir em busca da verdadeira essência da vida. Nesse livro extremamente envolvente, você vai aprender, junto com John Daily, princípios de liderança fundamentais para construir uma carreira de sucesso e uma vida em plena harmonia com as pessoas à sua volta.

Bob Nelson

Faça o que tem de ser feito

O ambiente competitivo e o mundo globalizado exigem, hoje em dia, que os profissionais corram mais riscos e tenham mais iniciativa no trabalho.

Com conselhos breves, diretos e surpreendentes, Bob Nelson mostra o que cada um de nós precisa fazer para assumir as rédeas do seu trabalho, da sua carreira e da sua vida. Esse livro é uma ferramenta inspiradora e motivadora tanto para diretores e gerentes quanto para funcionários, um recurso útil para qualquer departamento de recursos humanos e um inestimável investimento para todos que desejam vencer na vida.

Tim Sanders

O amor é a melhor estratégia

Ter um trabalho gratificante, ganhar o respeito e a amizade dos colegas, ser capaz de aprender sempre mais, fazer mais negócios, influenciar positivamente as pessoas – estes são os temas de *O amor é a melhor estratégia.*

Tim Sanders apresenta nesse livro os três pilares do sucesso e da realização profissional: conhecimento (que você acumula com sua experiência e, principalmente, através da leitura), rede de relacionamentos (os amigos e contatos que já possui, mas que tem de cultivar) e compaixão (o calor humano que é capaz de transmitir aos outros).

Francisco Daudt da Veiga

O amor companheiro

"Este livro fala sobre a amizade, esse verdadeiro porto seguro da nossa emoção: a única coisa que é capaz de manter um casamento feliz por décadas, a única coisa capaz de complementar ou mesmo substituir a família no sentimento de que existe alguma retaguarda para nós, alguém por você, a família dos que não têm família.

O amor companheiro é o acolhimento da nossa maior autenticidade, o descanso dos papéis sociais representados, a tolerância sem superioridade com nossas mesquinharias e nossos momentos de alma pequena, quando nada vale a pena. É o único lugar onde se pode falar abobrinhas alternadas com as mais sérias confidências, aquilo que se fala para quem se confia, em quem se tem fé, em quem se acredita."

Francisco Daudt da Veiga

Emett C. Murphy

A nova lei de Murphy

A nova lei de Murphy é uma estimulante visão da vida e da capacidade que nós temos de assumir o controle de nosso destino e de perseguir nossos sonhos.

Contando interessantes histórias de pessoas que conseguiram superar os desafios e obstáculos em busca de seus objetivos, o autor nos mostra os princípios que devemos cultivar para atingir nossos sonhos, como coragem, flexibilidade, humildade, integridade, generosidade e perseverança.

Esmé Raji Codell

Uma professora fora de série

Este livro é um relato divertido, realista, inspirador e sem papas na língua de uma professora em seu primeiro ano de ensino. Aos 24 anos, Esmé Raji Codell enfrenta o desafio de lecionar para crianças pobres e negras numa escola pública de Chicago, vivendo problemas bem semelhantes aos dos professores brasileiros.

Impetuosa e exuberante, ela não se intimida com a burocracia do sistema educacional, a falta de recursos, o marasmo dos colegas de profissão e a violência dentro e fora da sala de aula. Ela é um exemplo de como, com amor e dedicação, um professor pode mudar a vida de seus alunos para sempre.

Hal Urban

As grandes lições da vida

O que é essencial? Hal Urban responde a essa pergunta reunindo as vinte lições de vida que precisamos aprender para alcançar o sucesso e a felicidade.

Sem propor fórmulas mágicas ou métodos fantásticos, esse livro nos fala de valores eternos como respeito, bondade, honestidade, compromisso e trabalho duro, e nos ensina como dar valor ao que realmente é importante em nossa vida.

Margot Morrell e Stephanie Capparell

Shackleton – Uma lição de coragem

Shackleton já foi chamado de "o maior líder que jamais surgiu nesta terra de Deus". Esse livro revela com riqueza de detalhes a grandeza do homem que conseguiu transformar sua malsucedida expedição à Antártida numa história de resistência heróica. *Shackleton – Uma lição de coragem* é um relato inspirador sobre como ajudar cada pessoa a alcançar o melhor de si mesma e realizar o que alguns encaram como tarefa impossível.

David Niven

Os 100 segredos das pessoas de sucesso

Baseado em centenas de estudos científicos, o psicólogo e cientista social Dr. David Niven organizou a lista dos 100 segredos mais simples que podem nos ajudar a ser bem-sucedidos.

Nesse livro, ele se debruça sobre as pesquisas que identificaram as práticas, princípios e crenças necessários para se ter sucesso. De forma simples e agradável, apresenta em cada capítulo uma dessas conclusões, acompanhada de um exemplo real e de um conselho que você deve colocar em prática se quer realmente "chegar lá".

Hugh Prather

Não leve a vida tão a sério

A vida não precisa ser tão complicada quanto insistimos em torná-la. A simples decisão de não se agarrar aos problemas pode melhorar – e muito – nossas vidas. É isso o que Hugh Prather nos mostra, com humor e clareza, nesse livro. Ele escreve sobre as dificuldades do dia-a-dia e nos dá ferramentas para contorná-las, mudando o que há de mais importante na vida: nossa atitude mental e a forma de reagir aos inevitáveis contratempos.

Rita Emmett

Não deixe para depois o que você pode fazer agora

É fácil cair na tentação de deixar para amanhã um trabalho ou obrigação que deveria ser feito hoje. Quase todo mundo empurra de vez em quando alguma tarefa com a barriga, seja por preguiça, medo, falta de organização ou excesso de compromissos. Nesse livro, Rita Emmett ensina como você pode parar de adiar as coisas, tornar-se mais produtivo e desenvolver prioridades que reflitam suas metas e valores pessoais.

Ernie J. Zelinski

Levando a vida numa boa

A felicidade requer trabalho, mas não um trabalho intenso, como acredita a maioria das pessoas. A felicidade requer que se preste atenção à vida. Por isso, todos deveríamos ter um pequeno livro como esse para ser consultado de tempos em tempos.

Cheryl Richardson

Você pode mudar sua vida

Quantas vezes você já desejou ter uma vida melhor – que reflita mais a pessoa que você é, seu valores e anseios? Quantas vezes, no final de uma semana cheia, você já se deixou levar pela fantasia de largar tudo?

Sabendo que qualquer mudança profunda não ocorre de um dia para outro, Cheryl Richardson organizou nesse livro uma poderosa agenda para ajudar você a transformar a sua vida de forma gradual e permanente, tratando de um tema fundamental para a sua felicidade a cada semana.

CONHEÇA OS 25 CLÁSSICOS DA SEXTANTE

- *Muitas vidas, muitos mestres, Só o amor é real* e *Meditando com Brian Weiss,* de Brian Weiss
- *Conversando com os espíritos* e *Em busca da espiritualidade,* de James Van Praagh
- *A última grande lição,* de Mitch Albom
- *Enquanto o amor não vem,* de Iyanla Vanzant
- *A oração de São Francisco,* de Leonardo Boff
- *O ócio criativo,* de Domenico de Masi
- *Mantenha o seu cérebro vivo,* de Lawrence C. Katz e Manning Rubin
- *Por que os homens fazem sexo e as mulheres fazem amor?,* de Allan e Barbara Pease
- *Uma ética para o novo milênio* e *Palavras de sabedoria,* do Dalai-Lama
- *Histórias para aquecer o coração,* de Mark Victor Hansen e Jack Canfield
- *100 segredos das pessoas felizes* e *100 segredos das pessoas de sucesso,* de David Niven
- *Aprendendo a gostar de si mesmo,* de Louise Hay
- *Um dia "daqueles", Querida mamãe* e *O sentido da vida,* de Bradley Trevor Greive
- *Você é insubstituível* e *Dez leis para ser feliz,* de Augusto Cury
- *A vida é bela,* de Dominique Glocheux
- *Faça o que tem de ser feito,* de Bob Nelson
- *Não leve a vida tão a sério,* de Hugh Prather

Informações sobre os Próximos Lançamentos

Para receber informações sobre os próximos lançamentos da Editora Sextante, queira entrar em contato com nossa Central de Atendimento, dando seu nome, endereço e telefone para:

Editora Sextante
Rua Voluntários da Pátria, 45 – Gr.1.404 – Botafogo
22270-000 – Rio de Janeiro – RJ
Tel.: (21) 2286-9944 – Fax: (21) 2286-9244
DDG: 0800-22-6306 (ligação gratuita)
E-mail: atendimento@esextante.com.br

Para saber mais sobre nossos títulos e autores, e enviar seus comentários sobre este livro, visite o nosso site: www.sextante.com.br

PAPEL
CHAMOIS-BULK
alta performance
alcalino

Impresso em papel Chamois Bulk Alta Performance Dunas 90g/m² da Ripasa S/A, fabricado em harmonia com o meio ambiente.